全華科技圖書

全華科技圖書

提供技術新知‧促進工業升級
為台灣競爭力再創新猷

資訊蓬勃發展的今日，全華本著「全是精華」的出版理念，
以專業化精神，提供優良科技圖書，滿足您求知的權利；
更期以精益求精的完美品質，為科技領域更奉獻一份心力。

TECHNOLOGY

高科技產業策略與競爭

徐作聖・邱奕嘉・許友耕　著

全華科技圖書股份有限公司　印行

2001 年以來，台灣的經濟發展面臨著前所未有的嚴峻挑戰，面對工資上漲、失業率持續創新高、股市低迷不振、及企業出走等問題，40 年耕耘得來的「經濟奇蹟」有迅速消退的現象。面對此一重大警訊，朝野各界除相互指責、各說各話外，沒人提出一個真正解決這一問題的方案，而廠商除了坐困愁城外，似乎「進軍大陸」成了唯一的策略選擇，對面來的發展毫無信心。

台灣經濟的持續發展及其遠景是建立企業信心及「根留台灣」的最佳保證，而台灣的經濟問題的癥結在於產業結構轉型及技術升級。經過了近 20 年的努力，台灣的產業結構已從傳統產業轉型成以高附加價值、全球經營的高科技產業。但在轉型的過程中，廠商承習了過去傳統產業的經營方式，以低成本製造、進口取代的思維模式為唯一的經營策略，忽略了產業轉型所必需經營的條件：科技創新、品牌經營、全球經營網路的建立，而其中科技創新是台灣廠商最弱的一環。

科技創新競爭優勢的培養主要來自三個方面：國家面、產業面、企業面。在國家面上，在發展高科技的初期，政府的介入是必需的，其功能除強化國家創新系統中的技術系統及經營環境外，政府適時規劃國家重點產業的發展方向及國家產業組合外也是提升產業科技的重要策略，過去台灣個人電腦及半導體產業的快速發展即為明確的個案。在政府民間廠商的努力經營下，上述兩大產業成為台灣高科技產業的引擎(engine)型產業外，除了帶動了週邊產業的蓬勃發展外，產業群聚(clustering)及技術擴散更經由多重管道擴散到產、學、研各界，造成了台灣第一階段產業結構轉型的成功。

但在初期轉型的過程中，由於廠商過份強調短期獲利能力的提升，忽略了產業轉型更重要的關鍵要素：企業面技術的提升及經營能力的培養，而這兩大要素都非政府所能迅速介入而產生直接影響的，企業主長期的經營才是致勝的關鍵，而現今台灣產業轉型的困境至少部份是由上述因素所造成。

在產業面方面，企業對市場現況及未來發展方向資訊的解讀是企業策略

形成的重大憑藉,更是未來產業技術創新的指導原則。在過去,台灣廠商的單一策略在於低成本管理,由於沒有多重的策略選擇,故技術及市場資訊的獲取仰賴政府的奧援,無法培養本身的技術及市場經營能力。面對使用相同策略的國內同業,企業利用規模經濟的門檻與惡性殺價競爭,產業群聚的形成除了靠政府大力促成之外,惡性挖角及仰賴政府提供技術成了唯一技術擴散的管道。在面臨「知識經濟」時代的全球競爭下,加上「低成本優勢」又逐漸被大陸及其他新興國家所取代,產業的發展面臨著前所未有的困境。

作者認為,產業科技的轉型應從企業策略面著手。換句話說,企業必須利用各種管道來強化其對全球市場資訊的分析與解讀,以此為基礎來發展其產業技術及經營策略。在產業策略分析中,企業可以瞭解本身的競爭現況以及未來競爭優勢/核心能力形成的可行性,理性的在多重策略中選擇其最有利的策略(包括技術、行銷、管理等配套戰術),更可因策略需求及國內外策略夥伴結盟加速其競爭優勢的提升,如此才能跳脫「高科技產業傳統化經營」的心態,真正地邁向高科技產業經營管理的境界。

本書就是針對高科技產業經營者策略分析與規劃而設計,全書共分為 12 章,就台灣現今 6 大重點產業從產業面以及企業面加以分析。在產業面的分析,資訊主要來至 2001 年春季,筆者在交通大學科技管理研究所「高科技行銷管理」的課程內容;而企業面方面的分析主要是選自同學期「企業政策與策略管理」的課程內容。

在產業的選擇方面,筆者選取了國內蓬勃發展的光電產業(包括光通訊、光儲存、光顯示、資訊家電等四項)、IC 封裝產業、及生物科技產業等。在產業分析的模式方面,本書強調嚴格的產業定義/市場區隔、產業現況及未來趨勢分析、產業與相關支援產業的相互關聯分析(以產業魚骨圖表示)、成本結構分析、產業競爭力分析、產業競爭優勢來源分析(locus of industrial leadership & sources of competitive advantage)、產業關鍵成功要素分析等 8 項。

企業面競爭優勢分析將以個案研究的方式來呈現,以第一人稱的方式來分析台灣代表企業對未來競爭情勢的解讀及策略的規劃。這些代表廠商分別為:

1. 光通訊：光環科技股份有限公司
2. 光顯示：中強光電股份有限公司
3. 資訊家電：宏達國際股份有限公司
4. 生物科技：五鼎科技股份有限公司
5. IC 封裝：矽品科技股份有限公司

　　在企業競爭優勢分析的方法方面，本書採用筆者過去所發展的「創新矩陣 & SWOT」模式為主（見拙作：策略致勝，遠流出版公司，1999），除了分析產業關鍵成功要素及策略定位的關聯性外，並針對企業及其主要競爭對手在關鍵成功要素上的優劣勢，以為企業未來策略規劃的指南。此一模式經過多年的發展，曾應用在國內多家企業，是筆者在策略管理課程中的重要教材。

　　本書希望獻給我在今年 5 月逝去的父親－徐鎮惡先生，除了感謝父親的養育之恩外，而多年來父親對我的教誨與鼓勵才使得我在職業轉型（從分析化學到科技管理）中把握了重點的研究方向而沒有迷失。雖然父親未能親眼目睹本書的出版，但仍以本書來告慰父親在天之靈，希望父親也能欣見本書的付梓，也是我在盛暑揮汗寫書的最大誘因吧！

　　本書之得以成書，首先要感謝 2001 年春季交通大學科技管理研究所「高科技行銷管理」與「企業政策與策略管理」的全體同學，除了白天班同學的資料整理及編撰外，學分班同學的資料收集整理、積極討論分析也功不可沒。而在撰稿上，余永健、李元亨、陳佳伶等三位同學的積極協助，更是重要功臣。

　　本書的讀者可包含任何對台灣產業轉型策略有興趣的人士，如果實務界、政府界、研究機構、及學術界的先知與朋友能因閱讀本書而激發出一些策略性的思考，進而致力於產業策略的研究研競爭優勢的提升，這也是筆者為書的最大心願。

　　本書倉促成書，疏漏之處在所難免，希望各界能不吝予以指教，則感謝不已。

徐作聖、邱奕嘉、許友耕

2002 年 12 月

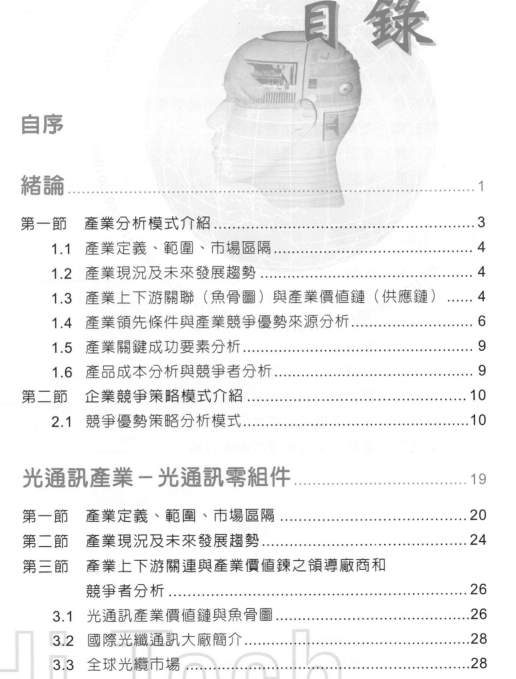

目 錄

3   光儲存產業 39

4   光顯示產業（投影機） 59

7 IC 封裝產業

8 光通訊產業個案分析－光環科技

圖目錄

表目錄

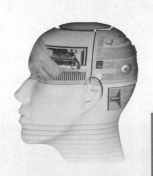

緒論

1

　　高科技產業的發展是台灣經濟成長的命脈，經過了 20 餘年的努力，台灣在資訊、光電、半導體等產業都有傲人的成就。然而，在產業發展的過程中，過份強調短程利潤的獲取，加上特殊的產業結構，使台灣產業未能均衡發展，製造獨大而缺乏研發、行銷、全球經營能力的開發，使得台灣雖然在高科技產值有驚人的產值，但產品的附加價值仍較先進國家落後許多。

　　有鑑於此，政府及產業先進大聲疾苦，希望廠商提升其創新能力提升產品的附加價值，但習慣於「拼良率、降成本」的台灣高科技廠商，由於其資源有限與經驗不足等因素，始終無法在產品創新上發展出本身的競爭優勢。

　　產品附加價值及競爭優勢提升是全面性的，包括了企業對全球產業脈動及競爭情勢的掌握（產業分析）、企業競爭優勢的經營及管理（策略規劃與管理）、環境面資源的配合（生產要素、人力資源、資本市場、國家政令等）；本書的重點將強調前面二項的探討與說明，而最後一項在本人另外一本著作中有詳細的說明（國家創新系統與競爭力，聯經出版社，1999）。

　　產業分析與企業策略規劃和管理是息息相關的，而企業對市場現況及未末發展方向資訊的解讀不但是企業策略形成的重大憑藉，更是未來產業技術創新的指導原則。而企業領導人對產業情勢的判讀，更是其領導力(leadership)及願景(vision)形成的依據，故企業領導人無不對產業分析及策略規劃當成其經營績效的最佳指標。本書的內容將整合產業分析、策略規劃與管理，將企業的策略作一個全面性的描述。

　　產業分析的目的在於對產業結構、市場與技術生命週期、競爭情勢、未來發展趨勢、以及產業關鍵成功要素的瞭解，企業領導人藉產業分析的結果，研判本身實力現況，推衍出未來的競爭策略。然產業範圍廣大，市場區隔眾多，在經費、時效的限制下，企業領導人在全球競爭、專業化的需求下，針對本身市場區隔的現況及未來趨勢，研擬出「量身訂作」的產業分析。換句話說，產業分析的目的在於針對企業策略的需求而設計，雖然其資訊可假手別人：例如政府提供的次級資料等，但重點分析結構的設計必須由企業本身來完成，如此才能有效的「量身訂作」出企業本身所需的「策略」資訊。

　　策略是企業為取得競爭優勢而進行的經營管理，它呈現企業的實力、文化、經營焦點和對未來意圖的規劃。企業經營策略的重點是：為因應未來競

爭情勢而發展出之解決方案(Managing the present for the future)，故策略規劃的內涵應包括：企業對本身優劣勢及經營環境的了解（SWOT 分析）、企業之願景(Vision)、組織的任務與經營範圍(Mission)、組織長短程經營目標(Goals)、企業的策略意圖(Strategic Intent)與策略目標、執行方案、及組織資源的調配等。

在進行策略規劃時，企業對本身優劣勢及經營環境的了解（SWOT 分析）應為首要工作，這些工作包括了對產業產競爭者資訊的收集與分析，研判競爭者與企業本身的優劣勢等。SWOT 分析的結果可驗証企業企業的策略意圖、策略目標及執行方案的可行性等。

在本書的第一章緒論中，我們將對產業分析及企業策略的方法與模式作一個詳細的說明。

第一節　產業分析模式介紹

產業分析的目的在於對產業結構、市場與技術生命週期、競爭情勢、上下游相關產業與價值鏈、成本結構與附加價值分配、和關鍵成功要素的瞭解，故坊間有許多不同方法介紹產業分析的內涵，這裡我們將介紹本書所使用的模式。

產業分析的內容主要包含下列 6 項：

1. 明確的產業定義、範圍、市場區隔；
2. 產業現況及未來發展趨勢；
3. 產業上下游關聯（魚骨圖）與產業價值鏈（供應鏈）之領導廠商與競爭者分析；
4. 產業領先條伴(Locus of industrial leadership)與產業競爭優勢來源(Sources of competitive advantage)分析；
5. 產業關鍵成功要素分析；
6. 產品成本分析與競爭者分析。

1.1 產業定義、範圍、市場區隔

　　策略大師波特在「競爭優勢」一書中提到，產業的疆界的寬窄依定義鬆緊程度而異。產品與產品之間、以及客戶與客戶之間結構與價值鏈的差異、傾向於採取較窄的產業定義。因此，劃分產業範圍是一個藉由發掘產業內各種結構差異性，同時加以歸類的過程。產業區塊和經營單位間較廣泛的交互關係則會創造出範圍較大的產業定義。

　　一個有用的產業定義必須包含交互關係非常強的所有區塊。從策略的觀點來看，彼此之間交互關係薄弱的區塊，有時可以分開成為另一個產業。而由強勁交互關係牽連的相關產業，又可能再界定成一個單一產業。

　　當企業將產業區塊和策略性交互關係納入結構性分析，產業界線就不再那麼重要。產業結構分析會揭露從競爭範疇衍生出競爭優勢的所有關鍵要素。

1.2 產業現況及未來發展趨勢

　　在本節中，藉由對產業現況的探討，可進一步釐清在產業中各個不同的競爭者目前分別處於產業上中下游的哪一個策略群組。在勾勒出產業現況的大致輪廓之後，不但可以對現今產業中的主流產品和技術趨勢有基本的瞭解，再繼續配合經由訪談所瞭解的廠商策略意圖，便可掌握產業未來發展趨勢，再藉由國家面、產業面、企業面的各種分析角度，探討產業未來前景及競爭優勢來源，並提供建議供政府及企業參考。

1.3 產業上下游關聯（魚骨圖）與產業價值鏈（供應鏈）

　　特性要因圖(Cause and Effect Diagram)是一種用來說明品質特性，及影響品質之主要因素與次要因素三者間關係的圖形，亦可用於表達產業上下游之關連性。由於其形狀類似魚骨，故又稱為「魚骨圖」(Fish Bone Chart)，如圖例所示。若能與柏拉圖、管制圖、直方圖等技巧配合使用，其效果更佳。

　　用魚骨圖分析問題的因果關係，可指出可能引致問題出現的原因，並將這些原因分類。通常，魚骨圖會用 4M (Man, Method, Materials, Machines) 來將問題分類。

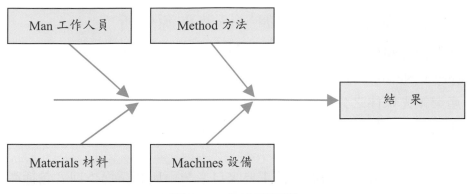

圖 1-1　魚骨圖範例

　　產業的生產流程基本上就是一段價值累積的流程，可以分割成許多不一樣的活動，靠這些活動的串連而形成產業價值鏈。由於產業內廠商的經營活動與作業內容不盡相同，因此在整個生產程序的附加價值流程也各有千秋。

　　產業價值鏈可依研究者主觀認知的差異，而有粗分與細分兩種。一般粗略的劃分，產業可分為原料、加工、運輸、行銷等主要活動。但為了獲得更深入詳細的產業資訊，產業價值鏈可採取更細部的切割，這種切割方式隨著各個產業而有所不同。大致上，細分後的產業價值鏈，通常還包括研究發展、零組件製造、製程技術、品牌、廣告、推銷、售後服務等。而在有些產業，存貨、倉儲、訂單處理等，也可能獨立出來成為產業價值鏈的一環。圖 1-2以個人電腦為例說明產業價值鏈的內容。

　　產業價值鏈除了隨產業不同而各異外，本身也可能是策略創意的結果。有些企業，在傳統的產業價值鏈中，策略性的增加一兩種獨特的價值活動，因而形成策略上的競爭優勢。

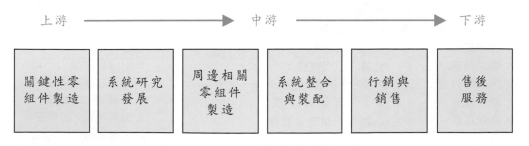

圖 1-2　個人電腦產業的價值鏈

1.4 產業領先條件與產業競爭優勢來源分析

產業領先條件與競爭優勢主要來自三個方面：國家面、產業面、企業面 (Mowery & Nelson, 1999)，本書將強調產業面與企業面的分析。

產業領先條件之分析主要是針對全球產業競爭優勢來源的瞭解，換句話說，也就是需分析全球領導廠商本身之關鍵成功要素，及其環境面的有利因素等。

在產業面，競爭優勢的來源主要來自產業面與企業面；前者包括產業的群聚(clustering)、上中下游產業的競爭力、供應鏈的完整度與產業經營環境與技術系統的完整性等因素（見拙作：國家創新系統與競爭力，聯經出版社，1999），而後者主要包括企業的經營策略、製造、創新、管理、行銷等個體經濟面的優勢。

在產業面的分析中，Porter 的鑽石體系（表 1-1）及 Carlsson 的技術系統（表 1-2）是重要的分析工具。

表 1-1　鑽石體系之分析架構

生產要素	需求條件	相關及支援性產業	企業策略、企業結構和競爭程度
• 人力資源 1. 人力成本 2. 人力素質 3. 勞動人口 4. 工作倫理 • 天然資源 1. 地理位置 2. 土地品質 3. 可利用土地之多寡 4. 土地成本 5. 電力供應 6. 原物料資源 7. 氣候條件 8. 水力資源	• 國內市場的性質 1. 國內客戶需求型態和特質 2. 國內市場的需求區隔 3. 具內行而挑剔型客戶 4. 國內市場較國際之先發性需求 5. 國內市場的需求飽和 • 國內市場的需求規模和成長速度 1. 國內市場規模 2. 國內市場客戶多寡 3. 國內市場的需求成長 • 國內市場需求國際化情形	• 支援性產業競爭優勢 • 相關性產業競爭優勢	• 民族文化對企業管理模式之影響 1. 企業內部之教育訓練 2. 領導者導向 3. 團隊與組織關係 4. 個人創造力 5. 決策模式 6. 廠商與客戶之關係 7. 公司內部合作能力 8. 勞資關係 9. 組織創新能力 • 企業之國際觀 1. 對國際化的態度 2. 對外來文化的態度 • 企業目標

生產要素	需求條件	相關及支援性產業	企業策略、企業結構和競爭程度
• 知識資源 1.大學院校 2.政府研究機構 3.私人研究單位 4.職業訓練機構 5.政府統計單位 6.商業與科學期刊 7.市場研究機構 8.同業公會 • 資本資源 1.貨幣市場 2.資本市場 3.外匯市場 4.銀行體系 5.風險性資金 • 基礎建設 1.運輸系統 2.通訊系統 3.郵政系統 4.付款、轉帳系統 5.醫療保健 6.文化建設 7.房屋供給	1.國外市場與國內市場需求是否一致 2.跨國經營公司總部設於國內之客戶 3.國外需求規模及型態		1.股東結構 2.股東企圖心 3.債權人的態度 4.公司管理階層的本質 5.公司誘因如何激勵資深管理者 • 個人事業目標 1.報償制度 2.冒險精神 3.對職業、技能訓練之態度 • 民族榮耀與使命感 • 對產業的忠誠度 • 國內市場的競爭程度 1.競爭者多寡 2.競爭者規模 3.產業朝城市和區域集中現象 4.競爭型態 5.產業擴散效應 6.公司的多角化

資料來源：Michael E. Porter, "The Competitive Advantage of Nations", Free Press, 1990

　　鑽石體系及技術系統是研究產業面領導條件的彙總表，源自這兩大系統的競爭優勢決定了產業群聚、上中下游產業的競爭力、供應鏈的完整度，而這些因素強弱與消長將隨者產業生命週期、市場競爭優勢等因素而異。

　　另外，由於產業結構、生命週期、市場競爭優勢等客觀條件的的影響，不同市場區隔中產業競爭優勢的來源也各異。這些客觀競爭條件因素包括企業資源(resources)、市場大小與發展潛力、國家體系(institution)、技術能力等。

表 1-2　技術系統之分析架構

知識本質與擴散機制	<ul><li>知識系統定義</li><li>知識本質 內隱或外顯 個別或結構性存在 具體或無形</li><li>擴散機制 擴散機制之組成成員 知識擴散路徑</li></ul>
技術接收能力	<ul><li>首動者 最先察覺者 最早採取行動者 創業家精神</li><li>創造關鍵性的機制</li><li>克服市場失敗/阻礙之機制</li><li>機構及科技政策所扮演之角色 風險性資金之角色及來源 資本市場的角色 學術界的角色 教育政策的角色 國際間的連結</li></ul>
產業網路連結性	<ul><li>地域性集中的重要性及其意義</li><li>使用者與供應商間的關係</li><li>技術問題與解答間的網路 網路特性 網路建構者 中介機構 商業團體所扮演之角色 政策所扮演之角色</li><li>非正式或個人間的網路</li></ul>
機制 多元化創新	<ul><li>系統內成員之視野及其特性</li><li>競爭者相似性程度</li><li>進入與退出障礙</li><li>國際間的衝擊</li><li>政策所扮演之角色</li></ul>

資料來源：Bo Carlsson, "Technological Systems and Industrial Dynamics)", Kluwer Acadmic Publishers, 1997

在市場發展初期，市場競爭優勢主要來自技術能力（創新）、企業資源（對新產品開發的投資）與其對市場的掌握。在成長期的階段裡，市場競爭優勢源自企業資源（行銷、量產、財務等）及國家體系的支援（因應技術擴散與知識交流之需求），而市場大小與發展潛力更成為企業是否投入的最大誘因。最後在成熟期中，企業財務能力與行銷策略成為最主要競爭優勢的來源。

綜言之，產業領先條件與產業競爭優勢來源分析之目的在於：瞭解在不同競爭情勢下，產業與企業所必須經營的競爭條件。在全球競爭及專業化的需求下，這類產業領先條件與產業競爭優勢來源分析已成為產業分析不可或缺的要件。

1.5 產業關鍵成功要素分析

產業關鍵成功要素(KSF, Key Success Factors)係產業中最重要的競爭能力或競爭資產，會顯著影響企業在產業中的競爭地位，其主要的功能為：

(1) 為組織分配其資源時的指導原則
(2) 作為企業經營成敗的偵測系統
(3) 利用 KSF 作為分析競爭對手強弱的工具

產業關鍵成功要素的特性包括：

(1) 能反映出策略之成功性
(2) 是策略制定的基礎
(3) 會隨時間、環境而改變產品成本分析與競爭者分析

1.6 產品成本分析與競爭者分析

在產業成本分析方面，我們針對所挑選出來的代表產品，對其價值鏈上的每個環節，對於利潤的貢獻，做一詳細的分析，以便對整個產業的關鍵零組件，或是附加價值最高的部分能夠更深入的掌握，將企業的核心競爭力與之結合，創造出最大的利潤。而在競爭者分析方面，對於產業內各個策略群組裡的廠商，做一概略的介紹，當然，除了介紹全球競爭廠商之外，對台灣廠商的特性及定位，我們會有更多的著墨。

第二節　企業競爭策略模式介紹

　　本書採用 Porter 提出的「競爭策略矩陣模型」和「企業價值鏈模型」，與 Schumann 等人所發展「創新矩陣分析方法」的概念，並加入產業「關鍵性成功因素」及企業「核心資源」的觀點，提出「競爭優勢策略分析模式」理論架構。

2.1 競爭優勢策略分析模式

　　此分析模式包含有下列三大構面的分析，如圖 1-3：1.產業構面分析；2.市場構面分析；3.對此策略分析結果的創新性評量。

1. 產業構面分析

　　產業構面分析是將企業所處的產業環境，根據競爭策略劃分成四大競爭策略群組，如圖 1-3，並針對每一策略群組進行(1)產業關鍵性成功因素分析：目的在瞭解影響企業經營績效的關鍵性因素；(2)企業營運特性分析：處於不同的競爭策略群組的企業，在不同關鍵性成功因素的影響下，必產生不同的組織營運特性需求。

　　在瞭解影響不同競爭策略群組的關鍵性成功因素、及企業營運功能特性後，經營者可給予企業清楚的策略定位，如圖 1-4。另外，企業經營者可更進一步比較並調整企業的營運功能特性，以符合所屬策略群組的要求，進而累積或建立起所屬產業階段的關鍵成功因素。

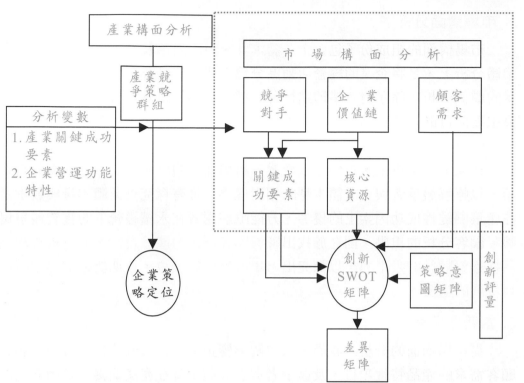

圖 1-3　競爭優勢策略分析模式之分析架構

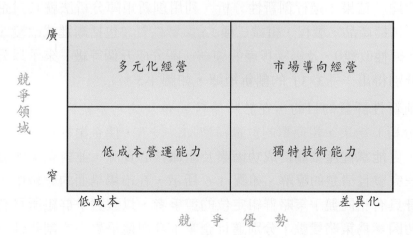

圖 1-4　產業構面四大競爭群組

2. 市場構面分析

市場構面的組成份子包含企業體本身、競爭對手及顧客三大要項。在企業體分析上，是將企業的經營活動區分為主要性活動及支援性活動來進行企業的價值分析。除了對企業體進行各種價值活動的瞭解分析外，企業體分析最主要的目的在於找出具有策略性意涵的企業核心資源，包含無形的能力及有形的資產。

在競爭者分析上，主要是以產業分析構面中的關鍵性成功因素為分析要項，以瞭解競爭者與企業體本身的相對優勢。惟有探究企業體本身與競爭者在產業關鍵性成功因素上的優劣，方能瞭解兩者在永續經營下的實質競爭優勢。顧客分析的重點，則在於找出影響顧客需求的產品特性，並分析每項產品特性對顧客的吸引力，以探究出市場所潛在的機會，以期能瞭解與掌握市場發展的趨勢。

3. 創新性評量

從市場構面的分析，我們可以瞭解影響企業經營成敗的核心資源，影響顧客需求的產品特性項目，及競爭者與企業體本身在產業關鍵成功因素上的比較結果。

將上述企業核心資源、顧客需求項目、及競爭者與企業本身在關鍵成功因素上的比較結果，進行創新性分析。利用創新矩陣分析法就其對企業的影響種類（包括產品、製程、組織三種）、影響性質（包括漸進式改變、系統性改變、突破性改變）、及影響程度的強弱（區分成五個等級）來予以分類及評量，而分別得出一「3×3」的創新矩陣，如圖1-5。

此創新性評量的目的，在於將傳統繁雜及缺乏系統性的策略分析（即SWOT分析）結果，用簡單的數量模型加以表示，使企業經營者在擬定企業策略時，更能掌握產業關鍵成功因素及組織核心資源，並對企業所處的內外環境有一完整且清楚的瞭解。如圖 1-6 所示，在市場構面的分析中，針對與企業本身具有相同競爭策略群組定位的競爭者，以該競爭群組所具有的產業關鍵成功因素為策略變數，分別進行企業本身與競爭對手的創新性分析，瞭解兩者在產業關鍵成功因素上的掌握程度，而得出「競爭對手創新矩陣」與「產業優勢創新矩陣」等兩大創新矩陣。

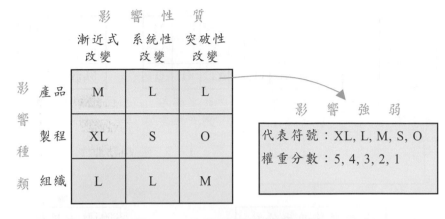

圖 1-5　市場構面之創新矩陣

　　另外，在企業本身的價值活動分析中，我們利用從經營優勢歸納所得的核心資源，來做為評量的變數進行創新分析，藉此確認出「企業優勢創新矩陣」，用以表示企業在價值活動上的經營優勢。

　　最後，利用影響顧客需求的產品項目做為評量變數，進行創新分析，而可獲得「顧客需求創新矩陣」。

4. 創新 SWOT 矩陣

　　在市場構面的創新性分析過程中，我們可得到上述四大創新矩陣，藉此瞭解競爭者與企業本身，在產業關鍵成功因素方面的掌握程度。針對企業在不同價值活動中的分析結果，瞭解企業所擁有核心資源的強弱及配置，協助企業經營者針對不同價值活動，進行改善與持續累積核心資源。在顧客需求構面的分析，更可令企業經營者明瞭顧客的需求變動及市場未來發展趨勢，儘早累積能力因應未來市場需求變化。

　　由上述完整的市場構面分析結果，可瞭解到企業所具有的優勢及劣勢，並發掘市場中顧客需求的機會與威脅。接下來，合併上述「競爭對手創新矩陣」、「產業優勢創新矩陣」、「企業優勢創新矩陣」、以及「顧客需求創新矩陣」的創新評量結果，綜合得出企業在市場構面的「創新 SWOT 矩陣」，如圖 1-6所示。

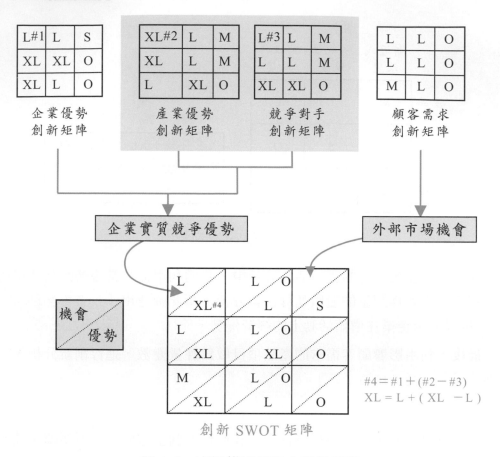

圖 1-6　市場構面的四大創新矩陣

　　由圖四可知，「創新 SWOT 矩陣」主要分成兩大部份，一是以「企業優勢創新矩陣」為基礎，再考量「競爭對手創新矩陣」與「產業優勢創新矩陣」間差異，綜合歸納出企業實質競爭優勢，其評量結果表示於矩陣的右下方；另一部份則是由「顧客需求創新矩陣」所代表的是外部市場機會，其評量結果表示於矩陣的左上方。

　　由「創新 SWOT 矩陣」的分析，我們可清楚地表示出市場構面完整的分析結果－由左上方瞭解外在市場需求程度，右下方瞭解企業本身的實質競爭優勢，再由兩者的差異性大小可看出外在機會與內部優勢的配合程度。並可由創新種類、性質的分類衡量，而使經營者清楚地瞭解企業在不同經營管理

層次（產品、製程、組織）及創新性質上（漸進式、系統式、突破式）的經營優勢，與外在顧客需求的市場機會。

5. 差異性矩陣

差異性分析的主要目的，在於確認企業所建立的遠景、使命、目標及策略，是否能配合現階段企業的資源、能力，及掌握外在環境的機會。企業經營者，可依據其對組織使命、目標的瞭解，以及企業未來的發展策略來進行創新性分析，而得出企業的「策略意圖矩陣」，如圖 1-7 所示。

由「差異矩陣」的分析結果，可協助企業經營者預先明白策略規劃的有效性，降低未來營運的風險，並可事先修正與擬定出最適合組織發展的策略方案。

在上述差異矩陣的評量分析上，若評量結果為正（大於零），則表示現階段企業的策略意圖大於組織所擁有的核心資源或外在的市場機會，代表企業野心過大；反之，若評量結果為負（小於零），則表示策略目標過於保守而未能充份發揮組織的實質競爭優勢或掌握市場機會；若評量程度為零，則表示策略目標與企業能力或市場機會均能配合一致。

此外，在評量結果的差異程度上，若差異程度在 ±1 之間，代表目前策略目標與企業能力或外在機會，尚能配合一致而無明顯的策略性過失；反之，若差異性程度大於 ＋1 或小於 －1，則代表現階段在企業目標或策略意圖的擬定上並不適當，而無法充發揮組織能力或掌握外在機會。經營者必須藉由策略目標的提昇或降低，或企業核心資源的持續累積來使策略目標與內外環境達到最佳的配合。

創新矩陣的分析結果，提供企業經營者一個衡量組織策略目標的分析工具，不但可藉此瞭解組織所擁有的實質競爭優勢，與外在機會，更可驗證與評估策略目標的有效性，而藉此制定出最佳化的策略方案。

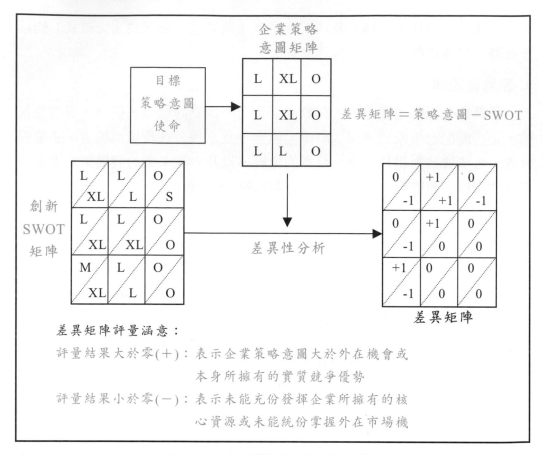

圖 1-7　市場構面之差異性矩陣

問題與討論

1. 產業分析的內容。

2. 魚骨圖中的 4M 為哪 4 項？

3. 產業領先條件與競爭優勢主要來自哪三個方面？

4. 競爭優勢策略分析模式包含哪三大構面之分析？

5. 創新 SWOT 矩陣是由哪四大創新矩陣所構成？

參考文獻

Competitive Advantage, 1999, Commonwealth Publishing, Taiwan.

Mowery & Nelson, 1999, Oxford University Press, Oxford, UK.

「策略致勝」, 1999, 遠流出版社

NOTE 心得筆記

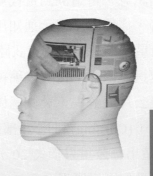

光通訊產業——
光通訊零組件

2

第一節　產業定義、範圍、市場區隔

　　人類運用光傳輸訊息，可追溯到古代烽火傳訊，數千年前中國便曾在萬里長城上構築烽火台，作為軍事警示通知用途，在工業革命之後，通訊技術不斷進步，微波、衛星、銅線等傳輸方式陸續登場，1930 年代德國拉姆氏便曾提出用玻璃纖維傳送光線，但當時玻璃純化及光電半導體技術尚未成熟，光波在光纖中傳輸幾公尺便消失，衰減過快，不適合作為光傳輸波導，1970年美國康寧玻璃公司(Corning)利用外部氣相沉積法(OVD, outside-vapor deposition)，成功製造出每公里只損失 20 分貝的純化石英玻璃光纖，從此光通訊開始快速發展，受到廣泛應用。表 2-1 列舉光通訊發展之過程。

表 2-1　光通訊發展簡史

時間	發展情況	製造方法
1970	美國康寧成功製造每公里只損失 20 分貝的純化石英玻璃光纖	外部氣相沉積法(OVD)
1973	美國康寧已發展出每公里只損失 4 分貝光纖	外部氣相沉積法(OVD)
1974	美國貝爾實驗室(Bell Laboratory)成功製造出每公里損失僅 1.2 分貝光纖	改良式化學氣相沉積法(MCVD, Modified Chemical Vapor Deposition)
1976	貝爾實驗室研發出每公里僅損失 0.6 分貝的光纖	改良式化學氣相沉積法(MCVD)
1978	日本 NTT 製造出每公里損失僅 0.2 分貝光纖，光源波長為 1.55 微米。	軸向氣相沉積法(VAD, Vapor Axial Deposition)
1980年代	日本 NTT 使用紅外線光纖，製造出每公里損失僅 0.01 分貝光纖	軸向氣相沉積法(VAD)

資料來源：本研究整理

　　在資訊產品蓬勃的發展下，PC 成長進入新的階段，在此一階段中，由於Internet 的開發使人類對資料產生大量需求，配合目前 PC 發展之狀況，發展瓶頸在於傳輸之速度，也就是所謂的頻寬。當然寬頻之解決方案可分為有線

及無線之解決方案，無線之解決方案中如 LMDS（Local Multi-Point Distribution Services，點對多點企業傳輸設備）、Direct PC（衛星直撥網路），但無線之傳輸方案，易受大氣之變化而影響，且前者有方向性之問題，使用上為其缺點，但其優點為佈點容易，尤其直播衛星直接向地面傳輸，傳輸設備之佈建較為便宜，仍有其價值。而有線之解決方案較常見有 ADSL (Asymmetric Digital Subscriber Line)、Cable modem，雖傳輸方式分別為雙絞線及同軸線，但基本上，骨幹之傳輸要達到真正之寬頻，光纖光纜傳輸為解決方案，最後目標仍為光纖到府，在網路傳輸資料量以每個月 7%～12%之速度成長的今天，以光纖提升傳輸量已是刻不容緩的。

　　光纖通訊的過程，是將所要傳送的文字、聲音、影像等資訊（數位或類比皆可），轉換成數位電器信號，運用此信號改變半導體雷射或發光二極體的發光頻率，再透過光纖傳輸出去。另一方面，接收方使用光檢測器(Photo Detector)將雷射光恢復為電器信號，再取出與信號源相同的文字、聲音、影像。

　　以光通訊市場種之產品種類來看，主要以光纖、光纜為主軸，光通訊元件含光主動元件、光被動元件，另外有光通訊設備。光纖可分單模、多模、塑膠光纖，主動元件主要有光收發器(transmitter, receiver)，應付長距傳輸的放大器(Fiber amplifier)。光被動元件含調變器(modulator)，光衰減器，光連接器，光隔絕器，光開關，濾光器，光纖耦合器。光通訊設備含有光纖區域網路設備、電信光傳輸設備、有線電視光傳輸設備、光通訊量測設備等。其實光纖通訊已與我們日常生活密不可分，從每天收看的有線電視，打行動/室內電話聯絡事情，上 Internet 查詢資料或寄送電子郵件，只要距離在公里以上的數據或影音訊號，幾乎都會透過光纖傳輸。

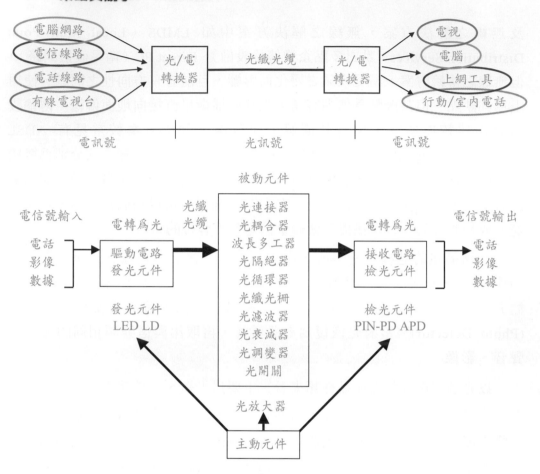

圖 2-1　光纖通訊傳輸架構圖

使用光通訊較傳統的同軸電纜具有下列的優勢：

1. 通信容量大：理論上一對光纖可傳送上百萬個電話和上百個電視節目。目前已成功地完成了三萬路電話的系統，極適合於數位信號的傳輸。如果像電纜那樣把數十根甚至上百根光纖組成光纜，再使用波長多工技術，其通信容量就會大得驚人。

2. 中繼距離常光纖的重要優點之一就是損耗小。目前，光纖的最低損耗已達0.2dB/km，甚至更低。若光傳送 15 公里，光強度還有原來的一半。有人比喻說，如果有一根針沉入 10 公里深的海底，假如海水的透明度與光纖

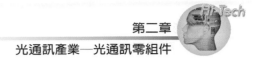

相同，那麼人在海面上可以把針看得非常清楚。相信，在不久的將來，損耗可能會有更新的突破。光纖的損耗如此之小，使通信無中繼傳輸距離大大增加。目前，單模光纖的最大中繼距離可達上百公里，比同軸電纜大幾十倍。

3. 不受電磁干擾：光纖是由非金屬的石英介質構成，因此，光纖通信不受電磁干擾，傳送資訊保密性強。

4. 資源豐富：光纖的主要構成材料是二氧化矽玻璃，其資源十分豐富。相對於用以製作電纜的銅、鋁等材料，可以說是取之不盡、用之不竭。

5. 光纖重量輕、體積小：相同話路的光纜要比電纜輕 90%～95%（光纜重量僅為電纜重量的十分之一到二十分之一），而直徑不到電纜的五分之一，故運輸和架設都比較方便。

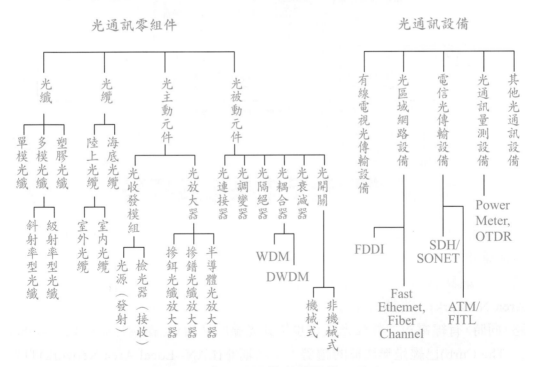

圖 2-2　光通訊設備與零組件一覽表

資料來源：PIDA, 2000

當然光纖通信除了上述優點之外，光纖本身也有一些缺點，例如光纖質地脆、機械強度低、需要比較好的切割級連接技術、分路與耦合比較麻煩等。

台灣目前發展較快的是在光被動元件，主動元件投入的廠商並不多，包括得迅、鴻亞、冠德、前鼎、東盈、光環、隆磐和新怡力等，由於技術層次較高，光源的價格有十分昂貴，台灣廠商的投入相較被動元件晚了約 2～3 年。

表 2-2　國內光通訊主被動元件產值預測

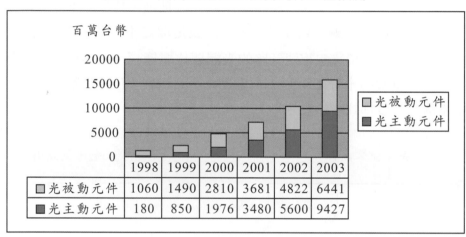

百萬台幣	1998	1999	2000	2001	2002	2003
光被動元件	1060	1490	2810	3681	4822	6441
光主動元件	180	850	1976	3480	5600	9427

資料來源：工研院經資中心 ITIS 計畫整理，2000

第二節　產業現況及未來發展趨勢

由於網際網路的普及，上網人數激增，網路頻寬嚴重不足，塞車的情形日漸嚴重，各國的電信業者紛紛擴充網路頻寬，舖設光纖通訊系統，從長途的廣域網路(WAN--Wide Area Network)到都會區網路(MAN--Metropolitan Area Network)，光纖的滲透率幾乎將近百分之百，光纖已經開始滲透用戶迴路，同時，有線電視主幹線光纖化也帶動光纖的使用，光纖到社區(FTTC--Fiber To The Curb)已經是無法檔的趨勢；區域網路(LAN--Local Area Network)的光纖化也將直指用戶端，所以光纖通訊的系統設備大幅成長，同時帶動了零組件的成長。

　　根據 ElectroniCast 的報告顯示，全球光通訊零組件市場在 1999 年整體產值為 98 億 400 美元，預計 2000 年為 119 億 5,200 萬美元，2003 年將成長達242 億 1,300 萬美元，1999～2003 年的複合年成長率(CAGR--Compound Annual Growth Rate)為 25.36%，詳細產值如表 2-3 所示。其中以主動元件的成長率較高，1999～2003 年的複合年成長率為 26.36%。光纖被動元件則稍低，但每年也有 20%以上。

表 2-3　全球光通訊零組件市場成長趨勢

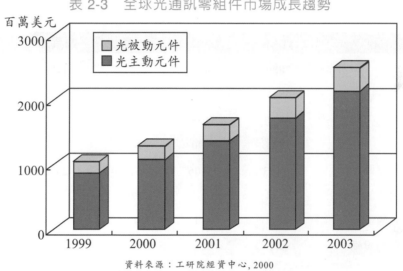

資料來源：工研院經資中心, 2000

　　依據光電科技工業協進會(PIDA)評估（如表 2-4），2000 年全球光纖通訊市場規模達 400 億美元，2003 年光纖通訊市場將成長一倍達到 800 億美元，其年平均成長率約 20%。如就產品分項以市場規模做比較，可知傳輸設備的規模為最高達 306.47 億美元，其次為光主動元件的 201.69 億美元，然而，若以成長率而言，光主動元件市場將由今年 102.34 億美元，提升到 2003 年的 201.69 億美元，其年平均成長率 25%為最高，至於光被動元件市場將由今年的 24.1 億美元，提高到 2003 年的 42.66 億美元，其平均年成長率 21%。另外，依 ElectoniCast 的資料，1999 年全球光被動元件市場總值將近 20 億美元，當中又以光纖連接器產值最大，約佔整體光被動元件的 44%，其次為光耦合器佔

19%，而新興的 WDM(Wavelength Division Multiplexer)元件估計今年可達 1.9 億美元，占市場 13%，預期到 2003 年全球光被動元件將成長到 43 億美元，年成長率 21%。同時 ElectoniCast 2000 對光纖元件市場的預估，2000 年光連接器市場規模為 4.84 億美元，2005 年將成長到 12.62 億美元，成長 161%（年成長率 21%），2005 年至 2015 年成長 424%（年成長 18%），再後 10 年成長 254%（年成長 10%），至 2025 年時光連接器市場規模將可達 234 億美元。

表 2-4　全球光纖通訊市場規模

單位：百萬美元

產　品	1998	1999	2000	成長率	2003
光纖	2089	2052	2283	11%	3183
光纜	6811	7159	7676	7%	10677
光主動元件	6431	8103	10234	26%	20169
光被動元件	1645	1990	2410	21%	4266
電信光傳輸設備	11403	14406	17815	24%	30647
光纖區域網路設備	2474	3063	3792	24%	6635
有線電視光傳輸設備	682	814	958	18%	1503
光纖通訊量測設備	641	802	972	21%	1709
合　計	32176	38389	46140	20%	78744

資料來源：PIDA, 2000

第三節　產業上下游關連與產業價值鏈之領導廠商與競爭者分析

3.1　光通訊產業價值鏈與魚骨圖

光通訊產業的魚骨圖可繪製如下，由五大部分構成。

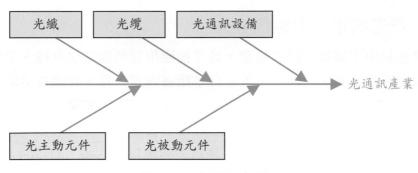

圖 2-3　光通訊魚骨圖

　　一般來說，當一個產業在發展時，都是先從零組件開始，再進入到模組、次系統及系統。目前國內廠商切入的市場區隔多半集中在光通訊零組件，而光通訊系統設備市場仍由少數國外通訊大場所把持，而通訊服務市場在開放民間投資電信業之後，國內的服務業者均有不錯的表現。

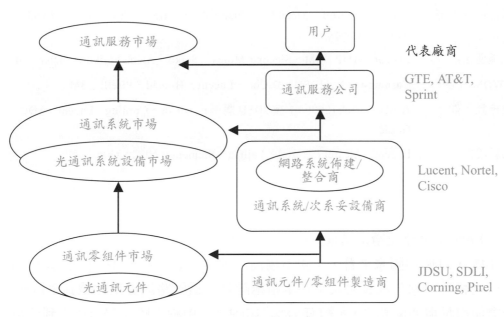

圖 2-4　光通訊產業價值鏈

3.2 國際光纖通訊大廠簡介

光纖通訊由美國廠商研發量產，最早被應用在美國電信幹線，發展至今各領域領導廠商多有美國代表，近來日本廠商迭有斬獲，光纖著名廠商為美國康寧(Corning)公司，全球市產率超過 30%；光纜則因體積重量過大，地域性較強；光纖舖設工程公司 Global Crossing 頗富盛名；光主被動元件重要公司有 JDSU、Lucent、Pirelli、Nortel；通訊設備則以 Lucent、Alcatel 為主力。

表 2-5　全球光纖通訊領導廠商

產品領域	廠　商
光纖	Corning、Lucent、Alcatel、Sumitomo、Fujikura、Rurukara
光纜	Siemens、Lucent、Pirelli、Alcatel、Sumitomo、Corning、GCL
光纖放大器	Lucent、Pirelli、Ciena、Corning、Nortel、Alcatel、Fujitsu
發送器/接收器	Lucent 、Nortel、Alcatel、Fujitsu、AMP、HP、 、Sumitomo、Hitachi、NEC、Siemens
光纖連接器	Lucent、AMP、3M、Siecor、Molex、Seiko、Alcoa Fujikura、Diamond
DWDM 元件	Corning-OCA、JDSU、DiCon、Lucent、Hitachi、Pirelli、3M
光被動元件	JDSU、E-Tek (2000/01 被 JDSU 購併)、DiCon、Corning、Lucent、ADC、Gould
通訊設備	Lucent、Alcatel、Nortel、Fujitsu、Siemens、NEC、Ciena

3.3 全球光纜市場

1999 年全球光纜市場量突破了 5 千萬蕊公里，到 2003 年前每年仍將成長 14%，以個別國家來看，美國市場高居世界之冠，約有 1/3 市佔率，但由於市場較為成熟，成長趨緩；日本積極舖設光纖網路以實現光纖到家目標，光纜使用量與西歐相當，各約有 18%的市佔率；中國大陸光纜市場受到注目，1999 年時約佔有全球 12%比例，且逐年增加，未來可能躍居全球最大光纜市場，與美日不同的是，中國大陸光纜舖設著重長途通信，以做為電話通信基礎建設，而美日光纜建設已往用戶迴路端發展。

3.4 全球光主動元件市場

隨著光纖走向消費產品，用戶端光纖化比率提高，開拓了光放大器與光收發器市場，光纖區域網路成為光主動元件市場成長動力，尤其是短程用戶傳輸迴路，1999 年全球光主動元件市場超過 80 億美元，較前一年大幅成長 26%，而在長途傳輸上，新興起的 DWDM(Dense Wavelength Division Multiplxer) 設備、海底光纜鋪設，也是光主動元件未來成長主因，預計至 2003 年仍可維持每年高達 25%的成長率。

3.5 全球光被動元件市場

1999 年全球光被動元件市場總值將近 20 億美元，較 1998 年成長 215%，單項產品以光纖連接器產值最大，約佔整體光被動元件的 44%，其次為光耦合器的 19%，而新興的 WDM 元件估計今年廠達 1.9 億美元，占市場 13%，預期到 2003 年全球光被動元件將成長到 43 億美元，年復合成長率高達 21%。以各區域來看，北美是全球最大市場，約佔有 50%市場，日本與歐洲則日益活絡。

3.6 全球光通訊設備市場

過去光纖通訊多集中在長距離的海底光纜的鋪設，由於鋪設工程耗大加上所須投入的資金較為龐大，故大多由系統商直接承包施工，如 Alcatel、Nortel 及 Lucent 等。也因為初期海底光纜的鋪設乃是基於電信光纖傳輸的需求，故直到今日在光纖通訊設備方面，仍以電信光纖傳輸設備所佔的比例最高，以 2000 年為例，電信光纖傳輸設備佔光纖通訊設備達 75.7%左右，主要因為光纖開始發展即以電信通訊為主要應用範圍。

但之後區域型的光纖網路開也逐漸興起，使得光纖區域網路設備佔光纖通訊設備的第二大市場，以 2000 年為例約佔 16.1%比重，其餘有線電視光纖傳輸設備及光通訊測量設備則因發展較晚，目前所佔比重仍相當低。根據 ElectroniCast 的預估 1998 至 2002 年全球光通訊設備的年平均複合成長率為 25.9%，為三大類中成長最快的部份。全球光纖通訊設備主要集中在七家廠

商,分別為 Lucent、Alcatel、Nortel、Fujitsu、Siemens、NEC 及 Ciena,合計佔有率達 95%。

3.7 全球光通訊市場小結

由上述統計資料初步可知,雖然光通訊產業是全球新興的明星產業之一,然而以整體年平均成長率 20%的數字,似乎不如想像中來得快速,或許是研究機構採取保守態度,但如以過去傳統通訊產業的特性,加上光纖通訊目前的特殊市場結構(全球通信大廠)及近似寡佔的競爭情形,多少亦可間接解釋到光通訊產業發展的瓶頸所在。如就各子產業的資料加以檢視,可發現附加價值與技術門檻較高的光主動元件市場具有年平均成長率 25%的實力,並佔光通訊產值的 25%,而進入障礙較低的光被動元件市場平均年成長率 21%,惟其產值只佔 5.4%,至於佔近 40%產值的傳輸設備其年平均成長率則為 20%,並為光通訊產業主要的成長動力來源。至此可知,光通訊市場的未來的成長力道在於傳輸設備與光主動元件,而此二者並非國內業者可輕易立足的。

3.8 台灣光通訊市場簡介

由於全球光通訊市場集中在歐美地區,主要產品規格皆為歐美大廠制定,故以往台灣進入廠商不多,光纖主被動元件領域商更是付諸闕如,但一方面隨著國內電信開放,網路事業興起,對寬頻需求大增,一方面光纖產業逐漸成熟,有利國內廠商長於製造的優勢,因此近年來逐漸吸引廠商投入,目前國內光纖通訊領域廠商已近 50 家,且新公司仍不斷醞釀增加中,逐漸建構台灣光纖通訊產業結構,中華電信是國內光纖主要用戶,擁有多項元件與設備技術,在正式民營化後將逐漸拓展業務,後續發展值得注意。

表 2-6 台灣光纖通訊相關廠商（含計劃進入者）

產 品	廠 商
光纖	卓越、巨晰、旺錸（錸德轉投資）
光纜	華榮、大同、台林、太平洋、華新麗華、大亞、台一、聯光通信（原聯合光纖）、三光惟達、冠德光電（東訊轉投資）、卓越、嘉太通信
光主動元件	國聯、中華電信、鴻海、台達電、東盈、嘉信（2000/04 被 MRV 買下）、光環、宇鋒、前鼎、得迅、新怡力、聯亞、隆磐、巨晰、攸特、敦碩、華立、光騰、捷耀、蒲朗克、超越光
光被動元件	精碟、環科、鴻海、旺錸、建通、華榮、國碩、凱裕、冠德光電、玉山光訊、新世代、大陶（燁輝轉投資）、台精、上詮（2000/02 被 MRV 購併）、韋晶（被 MRV 購併）、上詠、波若威、偉智、偉電、逢源、元彰、光紅、百訊、蒲朗克、光微、光炬（原瀚宇光源）、卓智、光騰、華榮國際、國際聯合、合晶（華榮轉投資）、超越光
通訊／測量設備	中華電信、台林、台揚、南方資訊、碩彥、裕德、三光惟達、榮群、星通、捷耀、上詮、聯光通訊、台灣通信、台灣吉悌富士通、台灣國際標準電子

資料整理：怡富投顧，2000

表 2-7 台灣光纖通訊產值

單位：百萬台幣

產 品	1998	1999	2000	成長率	2003
光纖	169	180	210	17%	300
光纜	1784	2256	2583	14%	3081
光主動元件	58	229	500	118%	945
光被動元件	1216	1726	2665	54%	4610
電信光傳輸設備	1904	2352	2743	17%	3940
光纖區域網路設備	121	143	170	19%	283
有線電視光傳輸設備	86	126	175	39%	301
光纖通訊量測設備	103	123	145	18%	223
合 計	5440	7136	9192	29%	13684

資料來源：PIDA，2000

以前光纖產業多用於長途通訊領域，屬於單價高、用量少、技術門檻高、可靠度要求的企業用品，產品性質不利於台灣發展，與台灣其他光電產業相比，全球市場佔有率相當小，1999 年光纖通訊產值占台灣整體光電產業比重也只有 3%，但近年來廣域及區域網路興起，數位資訊傳輸需求大增，產品定位與長途通訊不同，元件與系統可靠度要求低，數量大，價格敏感，適合台灣靈活生產與成本控制的優勢，因此未來台灣在光纖市場有極大的成長空間。

台灣廠商在光纖通訊產業領域，投資金額與比重在光電產業中一向不高，不過成長幅度十分可觀，1998 投資產品以被動元件為主，1999 年主要投資項目集中在傳輸設備、主動元件、DWDM 等項目，2000 年在鴻海、台達電等重量級廠商宣佈大舉投入之下，未來數年投資金額將大幅增加。

表 2-8　近年台灣重要光纖通訊相關投資案

廠商名稱	投資內容	金額(百萬元)	投資年度
巨晰光電	光纖光源導線	800	1999
新怡力	光通信傳輸設備、光纖通訊元件	300	1999
仲琦	光通訊設備	256	1999
波若威	DWDM	180	1999
得訊	光主動元件	180	1999
嘉太通信	室內光纜、光被動元件	175	1999
南方資訊	光通訊設備	62	1999
榮群電訊	光通訊設備、光傳輸系統	46	1999：1998
上詮科技	光被動元件、DWDM	752	1999：1998
百訊	光被動元件、主要產品為跳接器	190	1998
系通	光接入設備、微波系統	64	1998
蒲朗克	光被動元件	310	1998
瀚宇光源	光被動元件、光纖耦合器	680	1998
聯合光纖	光纜、光纖相關元件	114	1998：1997
卓越	光纖	4	1997
冠德光電	光纜	255	1997
東盈光電	光纖主動元件	250	1996

資料整理：怡富投顧，2000

第四節　產業領先條件與產業競爭優勢來源分析

　　以光通訊的產業特性來看，系統設備業者的資金進入門檻較高，除了對想切入的產品需做深刻的瞭解外，政府的長短期融資體系亦扮演舉足輕重的角色。因此建構良好的技術及產業情報交流中心以及健全的金融制度，便成為國內廠商和國際競爭者一較高下的競爭武器。

　　在人力資源方面，以蘇格蘭的例子來看，蘇格蘭在過去研發光通訊產業前段製程已有傲人的成績，當地現在除集結格拉斯哥大學(Glasgow)電機系及企業資源，建立光電產業群聚之外，更積極將光電產業的研發腳步推進量產階段。高素質的人力資源，包括前端研究的學者專家、專業的生產人員、優秀的市場與行銷專家、經驗豐富的企管顧問及產業分析人員，都是造成蘇格然在光工訓產業領先的重要條件。

　　另外值得注意的是，都會／接取(Metro/Access)網是個新市場；因為此一市場對於產品的可靠度要求不如長途(Long-hual)，且所需驗證的時間也較短；對於才在市場起步不久的台灣業者，是相對容易切入的市場。除此，Metro市場對於成本要求較高，對一向擅於降低成本的台灣業者，也是發揮競爭優勢的好市場。

　　對於台灣的光通訊業者，除了政府以政策工具提供良好的基礎建設及競爭環境外，更需廠商發揮自己的固有特色，選擇能夠完全發揮自己核心競爭力的產品區間及服務領域，光通訊產品發展方向的篩選原則，在於適合台灣發展、產業關連性高、具關鍵地位，以及能帶動相關產業發展。對台灣廠商而言，目前除了在光通訊零組件及通訊服務這兩方面比較能夠貼近市場及發揮固有的低成本優勢外，若想在光通訊系統設備市場，或是零組件中附加價值較高的主動元件佔有一席之地，尚須政府政策的協助及產業群聚效應，二者缺一不可。

第五節　產業關鍵成功要素分析

就整個光通訊產業而言，我們認為關鍵成功要素包括以下幾點：

1. 風險性基金：由於對台灣剛起步的光通訊廠商而言，追隨國外大廠的腳步不但技術上無法領先，又沒有足夠的內需市場採取營運效能導向的策略，所以自有技術的開發就成了比較可能的選擇。這項措施主要便針對風險性較高的研發活動，如「自行設計開發」、「成立研發、測試中心」，提供充足的資金來源。

2. 教育與訓練：如上所述，研發活動除了需要充沛的資金之外，專門領域的研究人員及研究機構亦是不可或缺的。教育有助於一般人才養成與經驗之累積與傳承，而訓練之功能與教育類似，但更偏向專業技能的培養。

3. 資訊：所謂的資訊包括市場資訊及技術資訊，舉凡技術的更新與交流，市場的動態與情報均包括在內。由於台灣切入光通訊的時間點較晚，如果無法做到技術上的創新，便應掌握尚未滿足的市場需求，切入獨特的利基市場，在這樣的過程中資訊的掌握就非常關鍵了。

第六節　產品成本分析與競爭者分析

從整個產業來看，目前國內業者著力較深的領域在光被動元件的部分，其他領域則相對較弱。而材料與關鍵元件領域主要以日本為首，中國大陸、德國在材料領域也有相當的影響力。而下游次系統甚至產品的主導廠商，則多半以北美地區為主。

目前台灣面臨到的壓力有二：第一個壓力是來自於下游需求的減緩。北美地區許多光通訊設備大廠相繼提出裁員計畫，同時骨幹網路鋪設完成，而接取端需求又還沒起飛的時刻，整個元件供應將有可能在今年底與市場需求達到平衡，換言之，有可能會有無法適應的廠商，面臨衰退甚至退出的窘境。

第二個壓力是來自於中國大陸的競爭威脅。整個中國相對於台灣有三個

優勢：直接人員工資低廉、土地取得成本低與高素質基礎科學人員供應充沛。在光通訊發展的同時，這三點優勢對台灣構成挑戰，同時也對北美地區採購商構成吸引力。在採購商思考跨過台灣直接到大陸設廠的可能性時，我們勢必要因應這個局勢提出發展策略。

　　綜觀國內發展光通訊元件與材料的策略，多半集中在承接國外元件廠商之 OEM 訂單為主。早期台灣地區人工費用低廉的狀況下或許相當適合，但是在現階段東南亞地區與中國大陸有更具競爭力的人工費用優勢威脅下，吾人應該要思考更適合發展的策略。就整個產業來看，我們建議可以從兩個方向著手。第一個策略是改善製程技術，提高生產自動化程度，藉以降低生產成本，並且提升產品良率。第二個策略是切入次系統的研發與生產。

　　第一個策略是因為光通訊元件目前是我國光通訊產業的著力重心，但是生產方式是以半自動居多。雖然目前全球絕大多數生產者都採用類似的生產型態，但這不僅形成人工費用比率高，也造成品質管制上的困擾，所以我們第一個策略建議是提高製程在自動化的比率。

　　製程發展的過程一般而言包括了 1.標準化，2.簡單化，3.表單化，4.電腦化與 5.自動化。所謂標準化就是將製程從先導型工廠階段放大到實際製程階段的時候，有許多的製程並不是一致的。換言之，有可能有 A 製程也有 B 製程。但這個階段就是希望降低不同製程的發生機率。簡單化則是將標準製程當中所需要的製程重新檢視，思考有無簡化的空間。這裡的簡化並不單指製程簡化，還包括了人員的簡化、在製品移動路程的簡化、各製程站之間溝通時間的簡化與準確的提升等等皆屬之。第三個表格化則是當製程已經被簡化之後，開始要利用管理制度來妥善的管理整個過程，不單單讓管理階層可以清楚的了解目前製程上的狀況，同時也要降低發生危機的可能。管理制度最具體的展現就是表單。台塑企業有一個名言「管理靠表單」，說的就是這個道理。第四個階段則進入電腦化。當所有的表單都已經完成後，標準作業程序(SOP)應該也已經完成。這個時候就可以發展電子表單，甚至是電腦化管理。當電腦化實施完成之後，就可以將部分電腦的工作移交給機器設備，達成自動化的目標。

　　第二個策略的形成原因是因為在光通訊產業發展史上，國內元件生產業者在產品規格上並沒有討論的空間，主要的原因是因為光通訊產業歷史發展甚短，許多產品本身只有由概念所發展出來的應用，並沒有確定的規格，光通訊產品規格不確定，元件的規格當然無法確定，所以國內廠商不斷辛苦的追趕日新月異的規格。我們建議，在光通訊產品市場不大的狀況下，國內元件產值不可能大幅成長，元件產值不大，自然無法取得強勢地位。以半導體產業為例，可以藉由龐大的半導體產業進而要求設備與原料供應商配合。所以這個狀況下，我們可以透過產品生產，從而掌握元件規格，降低營運風險。同時也可以擺脫與大陸元件產業進行面對面競爭的威脅。

　　最後特別要強調的是，所有問題都有被解決的可能。當產業特性掌握清楚後，必然可以透過某些方式取得解答。許多業者擔憂的技術取得問題、市場競爭分析或者策略制定等等，有相當多的管道與單位可以提供解答，例如國外已經有網站專門進行專利交易(www.yet2.com)，甚至有網站在討論各種專利突破的可能性(www.boundyquest.com)等等。這或許是值得我們深入思索的地方。

第七節　結語

　　放眼全球市場，依據 RHK 公司預估全球 DWDM 相關元件市場將從1999、2000 年的 20、50 億美元，衰退 18%到 2001 年的 41 億美元，對於光通訊市場不啻是一個嚴重的警訊。深究其原因主要是因為受到總體經濟衰退的影響，這也使得全球各項重要產業紛紛出現衰退的現象。雖然光通訊產業已經是最後反應的幾個產業之一，但終究抵擋不住大環境的趨勢。

　　全球景氣不佳持續已久，對我國產業影響甚鉅，以主計處的資料來看，預估今年全年度的實質 GDP 是－0.4%，相對於去年的 5.98%大幅衰退了 6 個百分點以上，加上美國 911 事件的影響，還有向下修正的可能。這不僅顯示經濟衰退相當嚴重，更使光通訊產業也受到連帶影響。早先各企業公佈的裁員數字不斷上升，單單 2001 年 7 月份，全球主要企業的裁員人數就高達 16

萬人，而其中 40%以上又都屬於光通訊業者，這更突顯了光通訊產業面臨的壓力。

　　根據工研院經資中心 ITIS 計畫資料顯示，1995 年到 2000 年間，全球光通訊設備市場值年複合成長率前十大排名，分別為印度(76.68%)、加拿大(44.78%)、英國(43.72%)、荷蘭(36.47%)、美國(33.58%)、中國大陸(28.62%)、南非(26.16%)、智利(21.15%)、委瑞內拉(20.61%)與拉脫維亞(19.83%)，其中南美洲就有兩國，東南亞的印度則排名第一，顯見新興市場仍有其潛在成長空間。

　　展望我國未來發展，根據工研院經資中心 ITIS 計畫統計 1998、1999 與 2000 年我國光通訊產業產值分別是 161、216 與 302 百萬美元，而今年我國光通訊產業則面臨非常嚴苛的考驗。長城寬頻公司與日本 NTT 原本準備於八月份採購大量光通訊元件產品，而 7 月 24 日古河電器工業(Fulukawa)買下朗訊(Lucent)光纖事業部後，為了解決朗訊的光通訊元件大量庫存，可能會對 NTT 進行低價銷售，進而影響 NTT 來台採購意願，我國廠商接單的可能性也下降不少。而在此同時，剛完成現金增資的我國光通訊元件大廠波若威卻宣佈裁員 200 人，此外，在 JDSU 關閉台北廠（光炬）之後，MRV 也計劃將關閉兩座位於台灣的工廠，計劃一次裁減包括美國廠在內共計 600 人。其他還包括了亞銳光電關閉內湖廠，華榮國際裁員，均顯示了我國光通訊產業必須要再一次思考策略方向。

　　綜上所述，目前光通訊產業面臨的挑戰包括經濟衰退與市場飽和等，經資中心 ITIS 計畫建議我國光通訊產業新產品開發應該朝向下一個階段的市場需求，也就是 Metro 端與 Access 端的相關產品；而在原有產品的推廣上則應該朝向包括南美洲、東南亞等新興市場。未來 Metro 端與 Access 端市場的成長將會超過原先的 Long-haul 端，預估 2001 年全球 Metro 端 DWDM 與 Long-haul 端 DWDM 市場比率是 1：9，而 2005 年將會改變成為 2.5：7.5，而年複合成長率分別是 53%與 14%，顯見 Metro 端市場的成長速度較 Long-haul 端市場快。雖然 Long-haul 市場值仍大，但是目前多半由大廠所把持，我國業者不易切入，相反的，Metro 與 Access 端市場規格與產品需求複雜，反而是我國反應快速的中小企業擅長的戰場。

問題與討論

1. 使用光通訊較傳統的同軸電纜具有哪些優勢？

2. 光通訊產業之魚骨圖由哪五大部分所組成？

3. 近年來多家廠商加入光通訊產業，主要原因為何？

4. 對於台灣的光通訊業者，若想在光通訊系統設備市場，或是零組件中附加價值較高的主動元件佔有一席之地，需要哪些要素？

5. 對光通訊產業而言，關鍵成功要素包括哪幾點？

參考資料

1. 工研院產業資訊服務網產業評析—從 2001 台北國際光電展看我國光通訊產業景氣動向，2001/08/27

2. 工研院產業資訊服務網產業評析—檢視全球產業環境，探討我國光通訊產業未來發展方向，2001/09/14

3. 工研院產業資訊服務網產業評析—全球光通訊主動元件應用市場分析，2000/07/30

4. 工研院產業資訊服務網產業評析—從 JDSU 裁員，看台灣光通訊元件廠商之機會，2001/02/12

5. 工研院產業資訊服務網產業評析—全球光通訊零組件市場分析，2000/07/08

6. 工研院產業資訊服務網產業評析—光通訊廠商最新動向，2000/07/31

7. 工研院產業資訊服務網產業評析—從不景氣中尋找台灣在光通訊產業的優勢，2001/06/15

8. 怡富投顧投資研究報告，2000

9. 大華證券投資研究報告，2000

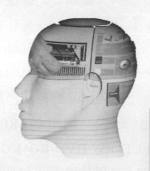

HI-TECH

光儲存產業

3

第一節　產業定義、範圍、市場區隔

　　光儲存產業約可分為兩大領域：光碟機及光碟片。光碟機目前主要的機種大致上可以分為五種：（一）CD-ROM、（二）CD-RW、（三）CD-RW/DVD-ROM(Combi)、（四）DVD-ROM、及（五）Rewritable DVD（DVD-RAM、DVD-R、DVD-RW、及 DVD+RW）等五個機種。隨著資訊產業的技術發展，消費者對光碟機產品的要求已經出現變化，各光碟機產品的市場發展性也開始出現變化（圖 12），例如 CD-ROM 光碟機種的市場出貨量從 2000 年即開始萎縮，逐漸由 CD-RW/DVD-ROM(Combi)及 DVD-ROM 等新興機種所取代，原因是 DVD-ROM 光碟機除了光讀取頭之外，並沒有太多技術瓶頸，只要光讀取頭部分的量產能力提升之後，市場普及化基本上沒有太大的問題，而且從 1999 年下半年開始，DVD-ROM 光碟機將進入技術成熟期，價格大幅下降是意料中的事情，目前由於 DVD-ROM 市場需求旺盛，而且光讀取頭關鍵零組件產能不敷需求，所以造成 DVD-ROM 價格不降反漲的反常現象，不過這應該是短暫的供需失調所致，後續的動態值得觀察！

　　再者，CD-RW 光碟機的可覆寫功能極具市場魅力，已經有多家 PC 大廠將 CD-RW 光碟機搭配在高階 PC 銷售，所以到 2000 年為止，CD-RW 銷售量一路攀升，但是在 2000 年以後則逐漸由 CD-RW/DVD-ROM(Combi)機種所取代（圖 3-1），因為 DVD-ROM 市場迅速擴大，加上具有可覆寫功能，使其市場性相當看好。

　　CD-RW 光碟機與 Rewritable DVD 光碟機的可覆寫功能特性，使這兩個機種出現互相競爭的態勢，當然以市場的未來性而言，Rewritable DVD 光碟機的發展較有未來性，因為 DVD 容量較 CD 大許多，再者覆寫功能屬於較小眾而且專業的族群，所以市場呈現緩慢成長的局面，反觀 CD-RW 光碟機，目前雖然會對同樣具覆寫功能，但容量更大的 Rewritable DVD（DVD-RAM、DVD-R、DVD-RW、及 DVD+RW）等光碟機種造成延緩普及的效應，但是畢竟儲存裝置的潮流是往高容量發展，所以 CD-RW 機種在 2000 年以後出貨量呈現下滑的趨勢。

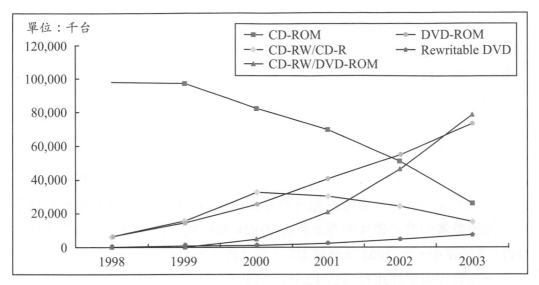

圖 3-1　全球光碟機各主要機種市場發展分析

資料來源：IT IS, 2000

　　隨著多媒體產業的蓬勃發展及資訊的電子化發展趨勢，影像、動畫、音樂、電影、互動式電子遊戲及資料庫等在日常生活的應用快速成長，加上消費者對於儲存資料之品質要求的不斷提升，帶動了儲存之需求容量的快速增加，因而儲存容量比 CD 系列產品大七倍以上的 DVD 系列產品將是二十世紀之初儲存媒體產業中的明星產品；只是目前 DVD 系列產品因受限於層層專利、高額權利金的限制，在硬體設備價格仍高、市場尚難普及之前，加上市場上有著龐大的 CD 硬體設備存在，且 DVD 硬體設備兼具 CD 系列媒體產品之相容性，故短期間內光碟片市場仍將以 CD 系列產品為主流。

　　如圖 3-2 之資料所示，1997 年全球 CD 類光碟片市場規模為 4,924 百萬片，佔全球光碟片市場規模的 99.6%，而 DVD 類光碟片因方始推出市場，全球市場規模僅為 21.2 百萬片，僅佔全球光碟片市場規模的 0.4%；1998 年全球 CD 類光碟片市場規模因 CD 類碟機市場的持續成長而擴增為 6,186.6 百萬片，佔全球光碟片市場規模的 98.9%，DVD 類光碟片市場則因硬體設備裝置量有限而，全年出貨量為 66 百萬片，佔光碟片市場 1.1%左右的規模；1999 年在 CD-R 光碟片市場熱絡發展帶動下，加以低價電腦風行擴大了對 CD 類

光碟片的需求，全球 CD 類光碟片市場進一步擴增為 8,045 百萬片，而 DVD 類光碟片則因 DVD-Video 碟片市場的逐步加溫，全球市場規模成長為 111.9 百萬片，佔光碟片市場比重提升為 1.4%。

　　預估 2000 年 CD 類光碟片仍將因 CD-R 光碟片市場的需求帶動而成長為 9,938 百萬片，而 DVD 光碟片將因 DVD-Video 市場的進一步擴大及 DVD-ROM 市場的逐漸打開而擴增為 210.7 百萬片，佔光碟片市場比重提高為 2.1%；預計自 2001 年以後 DVD 類光碟片市場將可因硬體設備裝置市場的逐漸起飛而開始發酵，而 CD 類光碟片市場雖仍有成長，但成長幅度已趨平緩，因消費者對於光碟片的需求將因 DVD 類碟機裝置量的提升而逐步轉向 DVD 類光碟片，至 2003 年全球 DVD 類光碟片市場規模可望突破 10 億片，佔全球光碟片市場比重提高為 12.5%；自此以後，隨著 DVD 系列硬體設備的成熟發展及儲存容量需求的提升，DVD 類光碟片市場將邁入快速成長期，而 CD 類光碟片市場將逐步淡出光碟片市場。

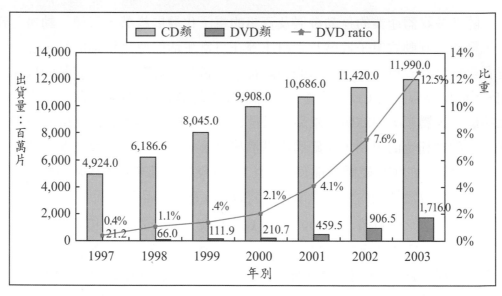

圖 3-2　全球 CD 類與 DVD 類光碟片市場消長趨勢

資料來源：Fuji Chimera Research；工研院光電所 ITIS 計畫 2000 年 1 月

第二節　產業現況及未來發展趨勢

　　根據日本電波新聞的最新的報導，全球光碟機的市場需求已經逐漸轉向 CD-R/RW、DVD 等光碟機種，而且近來此機種的銷售量大增，各相關零組件均出現嚴重缺貨的現象，生產關鍵零組件光讀取頭(pickup head)的日本供應商，例如 SANYO、SHARP 等均積極在亞洲擴大生產關鍵零組件，以因應市場的需求。

　　SANYO 預計在今年 7 月份在大陸深圳市設立運籌中心，加強訂單處理系統，為在大陸積極擴廠做準備，SANYO 在大陸負責生產光讀取頭的廠商共有 3 家，1 家為合資公司，另外兩家為委託的廠商，這 3 家光讀取頭的產量幾乎佔 SANYO 總產量的 90%，除此之外，SANYO 計畫在大陸增加 3 家委託廠商，以便藉由擴充產能，搶得市場先機，此次的擴廠計畫將使得 SANYO 的光讀取頭產能由 1999 年的 7,800 萬顆增加到 2000 年的 1.2 億顆，成長幅度高達 53.8%，另一方面，SANYO 委託台灣廠商生產的光讀取頭數量也由 300 萬顆增加到 600 萬顆。

　　SHARP 也同 SANYO 一樣預計 7 月份在馬來西亞投資建廠生產光讀取頭，金額高達 6 億日圓，專門生產筆記型電腦用的薄型 DVD-ROM 光讀取頭，月產能為 15 萬顆，除了在馬來西亞設廠生產之外，SHARP 也積極加強與大陸合資工廠的產能，預計將產能提高至 70 萬顆，如此一來，2000 年的產能則可提升至 810 萬顆，為 1999 年的 3 倍。業界積極的擴充產能，原因除了 CD-R/RW、DVD 等光碟機的銷售量大增之外，SONY PS2（含有 DVD-ROM 光碟機）的銷售量預計 2000 年可高達 1,000 萬台，而且 SONY 又握有 50% 的光讀取頭市場佔有率，預料可能先供應 SONY 自家的產品，所以可能會出現缺貨的現象，因此各廠均擴產以因應市場的變化。

　　從以上的分析可以得知光碟機的發展已經走向 CD-R/RW、DVD-ROM 等光碟機種，所以日本光讀取頭廠商才會如此積極的擴充產能，而且光讀取頭的單價也不斷降低，供應商自然而然會將生產重點由生產利潤較低的 CD-ROM 光讀取頭，轉而生產利潤較高的 CD-RW 或 DVD-ROM 光讀取頭，

從以上的分析看來，不難發現光碟機世代交替的產品已經出現，由於多媒體的應用愈來愈成熟，儲存裝置的功能及容量也必須配合產業趨勢發展來滿足消費者的需求，DVD-ROM 光碟機可以說是此趨勢下最具代表性的產品，而且在全球光碟機產業迅速的往更高容量發展的同時，消費性電子產品的領導廠商—SONY 推出電子遊戲機 PS2，將 DVD-ROM 光碟機加入其中，使得光碟機產品不再只是個人電腦的標準配備，PS2 已經將光碟機由電腦市場領域擴充至消費性電子市場，使得光碟機的應用更加寬廣。

DVD-ROM 光碟機的未來性是無庸至疑的，而且從各光碟機種的消長情形看來，確實 DVD-ROM 是值得發展的機種，台灣光碟機產業從 CD-ROM 光碟機時代便積極發展相關的產業技術，截至目前為止，台灣可望成為全球 CD-ROM 光碟機生產的主導國家，但是產品世代交替，已經轉向 DVD-ROM 產品，台灣廠商卻受制於 DVD 權利金偏高、關鍵零組件缺貨等因素，產品的發展需仰賴外商，這對台灣光碟機產業下一階段的發展相當不利，因為 DVD-ROM 光碟機產業的競爭力，憑藉的不是 CD-ROM 光碟機時代的大產能及低成本，而是技術掌握度及關鍵零組件的取得，所以這是台灣光碟機產業下一階段應該努力的目標，才能在全球市場上具有一定的競爭力！

由於目前 DVD-ROM 光碟機的發展受困於層層專利及高額權利金的限制，加上市場上可供使用之支援軟體有限，且其價格仍比 CD-ROM 光碟機高出許多，使得 DVD-ROM 光碟機近兩年來的市場發展遠不如預期，1998 年全球 DVD-ROM 光碟機的出貨量僅為 6.1 百萬台，佔唯讀型光碟機總出貨量的 6.2%；在 1998 年庫存過剩下，主要生產廠商在 1999 年縮減 DVD-ROM 光碟機的生產計畫，使得 1999 年全球 DVD-ROM 光碟機之出貨量遠低於日本廠商當初所預估的 25 百萬台，但已較 1998 年成長了 162.3%，擴增為 16 百萬台，然而佔全球唯讀型光碟機總出貨量亦僅為 13.5%。

而 CD-ROM 光碟機在低價電腦的帶動下，1998 年出貨量成長了 27.3%，市場達 91.9 百萬台的規模，1999 年在碟機廠商的劇烈競爭下，價格的快速下降更刺激了市場的發展，加上市場上低價電腦效應持續發酵，使得全球 CD-ROM 光碟機的出貨量突破了 1 億台的規模，達到 102.9 百萬台的歷史高峰，如圖 3-3 資料所示。

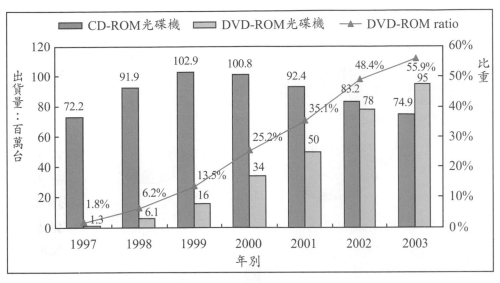

圖 3-3 　各主要光碟機市場成長趨勢圖

資料來源：IT IS, 2000

　　提供消費者影音與視覺等娛樂效果屬消費性電子的 CD 音樂與影片播放機，由於使用環境較不受限制，故隨著消費者所得的提高，市場規模亦跟著擴大，是目前唯讀型光碟機市場的主流產品，詳如圖 3-4 所示；1999 年全球包括 Video CD 碟機、LD 碟機及 DVD-Video 與 DVD-Audio 碟機等影音播放機之產值合計佔唯讀型光碟機產值比重達 80%以上，而電腦資訊產品用之唯讀型光碟機佔市場比重僅達 16%左右。

　　而隨著 DVD-Video 碟機打開 Video CD 碟機所未能攻入的美國、歐洲及日本等對影音品質要求極高的地區，消費性唯讀型光碟機市場規模進一步擴大，但因電腦資訊應用的深入家庭，資訊用唯讀型光碟機市場亦逐年擴大，故至 2004 年在唯讀型光碟機市場上，資訊用與消費性用產品的比重仍 1999 年相當；但可看出在資訊用唯讀型光碟機市場之主流將從 CD-ROM 光碟機轉為 DVD-ROM 光碟機，而在消費性唯讀型光碟機市場上亦將從 CD-Audio 碟機獨霸一方的局面轉化為 CD-Audio 碟機與 DVD-Video 及 DVD-Audio 碟機分庭對抗的局面。

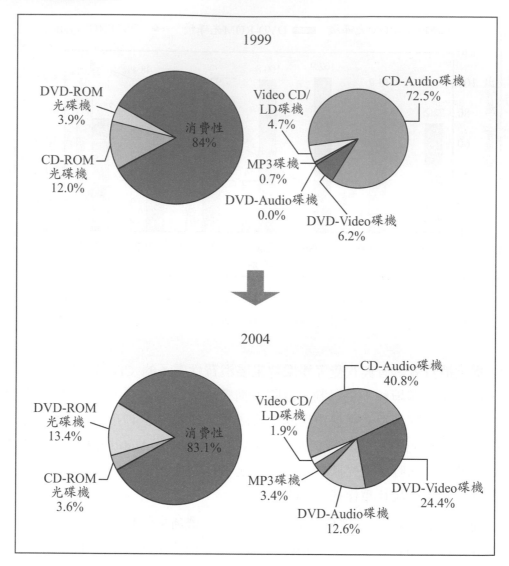

圖 3-4　全球唯讀型光碟機市場主要產品消長趨勢

資料來源：工研院光電所 ITIS 計畫 2000 年 6 月

近年隨著網際網路及多媒體產業的蓬勃發展，擴大了光儲存產品的應用
領域，而資訊產品的深入家庭及全球電腦 OEM 大廠帶動低價電腦風潮，又
擴大了電腦的市場規模，進一步更擴大了光儲存產品的市場規模；在應用市
場快速成長帶動下，近年光碟片市場有著極為耀眼的表現，1998 年全球光碟

片市場規模達 6,252.6 百萬片，較 1997 年的 4,945.2 百萬片成長 26.4%，1999
年在記錄型 CD-R 光碟片大幅成長帶動下，全球光碟片市場規模更是擴大為
8,156.9 百萬片，年成長率高達 30.5%，預計 2000 年在消費性電子應用領域市
場進一步擴大及 CD-R 光碟片市場持續擴張下，全球光碟片市場將有機會可
突破百億片的規模；近年全球光碟片市場規模變動趨勢如圖 3-5 資料所示。

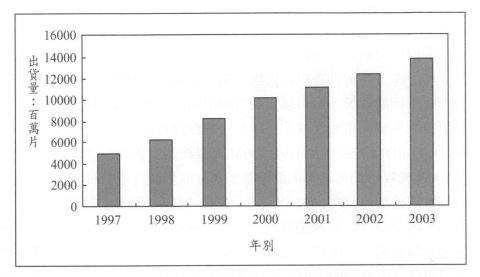

圖 3-5　全球光碟片市場規模變動趨勢

資料來源：Fuji Chimera Research；工研院光電所 ITIS 計畫 2000 年 1 月

第三節　產業上下游關連與產業價值鏈之領導廠商與競爭者分析

3.1　光儲存產業魚骨圖

光儲存產業可粗分為光碟機及光碟片兩部分，產業魚骨圖如下所示：

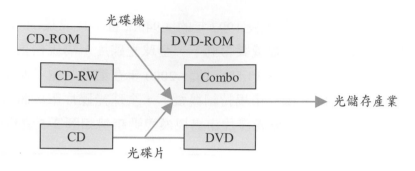

就產業價值鏈而言，由於光碟機之上游關鍵零組件主要來自日本、歐洲及台灣，而下游生產據點以中國大陸及東南亞為主，因此美阿戰爭對光碟機之供給方面不造成影響，但可以預期美國市場之消費支出將因戰爭而持續減少，故第四季中個人電腦及其週邊產品的銷售將持續低迷，對以搭配個人電腦出售之 CD-ROM 光碟機及 DVD-ROM 光碟機的銷售將呈負成長走勢，但記錄型 CD-RW 光碟機的需求將因備份需求刺激而呈成長走勢，加上 DVD-Video 播放機市場持續加溫，故 2001 年我國光碟機產值仍將有成長表現；在光碟片產業部分，因主要 PC 料及染料來自日本及歐洲進口，且廠商已將部分生產線已移至銷售地區，故出貨亦可維持正常；但從消費面來看，預錄型光碟片買氣將因消費支出減少而下降，而以 CD-R 光碟片為主的記錄型光碟片將因資料備份及複製需求的成長而有較佳的表現，此外近期記錄型 DVD 光碟片亦為光碟片產值注入新動能，故我國光碟片全年產值亦呈成長走勢；整體而言，2001 年我國光儲存產業之產值可達新台幣 1,748.6 億元，較前一年成長 13.8%。

對台灣光碟機業者而言，大家深知 DVD-ROM 是未來發展重心，但是 2000年 DVD-ROM 光碟機生產在現階段仍不是台灣業者的發展重點，最主要的問題還是卡在日本業者的高權利金索取上。導致台灣業者介入 DVD-ROM 發展興趣短缺，也迫使 DVD-ROM 光碟機將無法達到全面性的價格下降和擴大市場供給量的二個目的，如此一來，卻也延續了 CD-ROM 發展時間，也為 CD-RW 光碟機帶來更多的生存空間。

1999 年市場爆發力十足的 CD-RW 光碟機，仍將維持一定的市場價勢。比如說 HP 等…個人電腦的 CD-RW 光碟機搭載率不斷成長，從短短的幾月內

提升到 33％。預估 2000 年 CD-RW 光碟機的搭載率將持續成長下去，可望在 2000 年全年內達到 40％至 50％的關卡，CD-RW 光碟機的這種成長優勢，預期台灣今年 DVD-ROM 權利金談不攏的情況下，而持續發展。

　　雖然台灣無法立即全力發展 DVD-ROM，且 DVD-ROM 發展也落後於日本、南韓廠商，不過，就近年來台灣光學產業業者在 CD-ROM 發展經驗看來，台灣業者善於整合大陸的力量，深知如能應用大陸優勢的人力成本及台灣獨特的管理優勢，相信在上述等等能力開發上，台灣將來將可以迅速開發 DVD-ROM 相關產品，並且有可能超越日、韓等國。光碟片之製作流程如圖 3-6 所示，可以簡單分為前處理製程(Pre-mastering)、碟片製程及後處理製程三個階段，光碟片廠商可以依其生產能力、資金規模及市場定位等方面不同的需求與條件選擇最適之生產階段進入，甚或是全程投入。

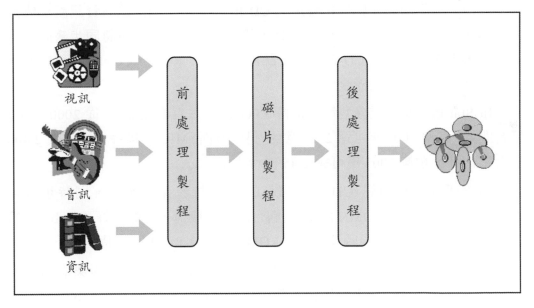

圖 3-6　光碟片製作流程

資料來源：工研院光電所 ITIS 計畫 2000 年 1 月

第四節　產業領先條件與產業競爭優勢來源分析

界定產業的領先條件可先由觀察產業未來趨勢著手，資訊用光碟機市場已然成熟而趨穩定成長，觀察焦點可放在各機型市場佔有率變化趨勢，亦即 CD-RW、DVD-ROM 與 Combo(CD-RW/DVD-ROM)，將如何分食 CD-ROM 退出後，所遺之龐大市場大餅。

另一方面，消費性光碟機市場 2000 年起飛後，出貨量在 2、3 年內，伴隨製造成本與價格降低，未來成長性相當樂觀，市場卻也會快速飽和且利潤大幅降低，因而必須觀察其他形式的消費性產品發展狀況。

目前三大資訊用光碟機正競逐後 CD-ROM 時代主流，伴隨資訊產業成長力道趨緩，全球 PC 出貨量平穩成長，資訊用光碟機市場也將同步趨向穩定發展，未來 3 年內將以 CD-ROM、CD-RW、DVD-ROM、Combo 4 種機型為主流產品，共同競逐光碟機市場。

In-Stat 預估這 4 種機型每年維持 3,000 萬台左右成長幅度，從 2000 年 1.7 億台開始，直到 2004 年可達 2.87 億台。另一方面，MIC 則以每年約成長 2,400 萬台來估計，預測 2003 年可達 2.45 億台水準。

國際研究機構看好 CD-RW，對 Combo 持較保留態度，同時也看好 DVD-ROM 取代 CD-ROM 力道。反觀台灣研究機構，則較看好 Combo 而相對低估 CD-RW 市場，同時延後 CD-ROM 被 DVD-ROM 取代時程。

DVD-ROM 市場成長驅動力，主要來自消費者對影音與娛樂需求，而 CD-RW 的成長驅動力，則是來自資料備份與光碟複製需求，Combo 雖可同時符合上述需求，然技術成熟度與產品價格，卻成為另一重要考量依據。

由於世代交替迅速，Combo 前景仍一片渾沌。在高容量儲存與影音娛樂要求下，DVD-ROM 取代 CD-ROM，已然是世代交替必經之路，而 DVD-ROM 市場驅動力量，主要來自消費者對多媒體娛樂與高品質影音的需求，而非使用 CD 即可滿足的資料儲存需求。

鑑於資料備份與光碟複製功能需求，CD-RW 備受看好，日本與歐洲大廠也力保江山，當 CD-RW 逐漸走出專業領域而為一般消費者所接受時，若操作介面親和度提高，其魅力將可直逼 DVD 相關產品。

考量增加多功能與降低採購成本，Combo 機種似可結合兩者優勢，爭取最大市場商機，然其實用性與價格仍有待考驗，尤其 Combo 權利金同樣有兩者負擔而更加沈重，成本高，價格降低不易，強力考驗消費者意願。

資料備份僅需 1 台燒錄機，光碟複製則需 2 台光碟機，因而在光碟複製市場方面，消費者選擇 CD-ROM 搭配 CD-RW，或 DVD-ROM 加上 CD-RW 方式，可能較採用 CD-ROM 搭配 Combo 機來得經濟，而削弱 Combo 機種需求。

對照消費性光碟機市場，DVD 高容量特質或許在資訊領域方面，需求仍尚未如此急迫，市場也有待開發，然消費性 DVD 產品，在消費者對高品質影音，具有相當高度需求情況下，市場規模則是可相當確立。

當 VHS 已然橫行 20 個年頭，LD 與 VCD 出現，似乎出現取代 VHS 曙光，然 LD 體積大而普及度低，VCD 容量小而畫質不佳，讓 VHS 仍有相當發揮空間，直到 DVD 出現，方宣告數位影音時代正式來臨。

在 DVD 播放機標準規格已然確立，加上影片 title 在電影公司支持而持續出籠，數量不斷增加情況下，將可遵循 VHS 發展腳步，未來幾年內仍可維持大幅度成長，普及率也會直線上升。

DVD 錄影機方面，目前仍處於規格紛亂而單價頗高情況下，加上高畫質電視節目仍未普及，市場前景仍是相當混沌不明。換句話說，DVD 錄影機理當伴隨 HDTV 或衛星電視發展而起飛，屆時方能開拓市場，符合消費者需求。

資訊用光碟機，出現 DVD-ROM、CD-RW 與 Combo 浮出檯面，爭食龐大 CD-ROM 市場局面。反觀消費性影音市場，VCD 曇花一現後，DVD player 已然躍升主流，成為替代 VHS 角逐者中，最有希望新生代之星。當 DVD 錄影機規格競爭激烈，而前景尚未明朗時，讓人不禁反思資訊領域 CD-RW 與 Combo 機種，是否同樣能夠在消費性產品市場上嶄露頭角，開創消費性產品另一個春天。

當 DVD 錄影機仍不可得，VCD 錄影機不失為解決之道，猶如推動資訊用 CD-RW 的消費性應用發展，而資訊用 Combo，同樣可搶攻 DVD 播放機市場，並符合廣播電視節目錄製及數位相機、數位攝影機等相關應用需求。

由於光儲存市場已經趨向成熟，而國內業者的表現已相當不俗，相對而言企業面的產業領先優勢來源就顯得較為重要。由於市場更迭快的產業特性，因此 Time to Market、搶先成為主流，降低成本的能力就成為最主要的競爭武器。

第五節　產業關鍵成功要素分析

對光儲存產業而言，台灣廠商雖然投入的時間已久，但多半著重於製造代工，而隨著整個產業日趨成熟，建立品牌的困難度日益提高，因此建議廠商掌握下列關鍵成功要素，切入特定的利基市場，相信仍可在諸多國際大廠環伺下持盈保泰。

1. 低成本的生產能力：對於台灣廠商而言，由於尚未有品牌的庇蔭（當然正在建立品牌的眾多廠商所付出的辛勞不容抹煞），在成熟的產業中生存的策略便是低成本的營運能力。

2. 穩定取得原料的能力：由於市場成熟，產能充足，利潤空間有限，以合理的成本獲得穩定原料的能力亦是決勝關鍵之一。

第六節　產業成本分析與競爭者分析

目前國內光記錄媒體用的市場規模，可以就現有生產廠商的製造成本結構去了解，在光記錄媒體直接成本結構如表 3-1，直接材料仍佔有重要比例，其中可記錄型光碟片更佔 50%左右，另外更詳細的直接材料成本結構如表 3-2，可了解 PC 塑膠片、染料、記錄靶材、保護膠都佔有較大的成本比例，依此比例再與材料供應商之價格與製造商使用數量歸納分析，目前每片光碟

片使用 PC 塑膠片的成本約 1.7 元，染料約 0.12 元，記錄靶材在 5.3 元，保護膠約 0.2 元。

表 3-1　國內光記錄媒體製造成本結構

	唯讀光碟片 CD-DA, VCD, CD-ROM	可記錄型光碟片 CDR	可重複讀寫型光碟片 CD-RW
直接材料	25～30%	50～60%	50%
直接人工	10～15%	7%	10%
製造費用	50～60%	30～40%	40%
小計	100%	100%	100%

資料來源：工研院材料所 ITIS 計畫 1998.11

表 3-2　國內光記錄媒體直接材料成本結構

	唯讀光碟片 CD-DA, VCD, CD-ROM	可記錄型光碟片 CDR		可重複讀寫型光碟片 CD-RW	
Polycarbonate	78%	26%		22%	
Aluminum	0.5%	Dye	20%	介電材	72%
		Quencher		記錄材	
		AU（反射層）	46%	AI（反射層）	0.1%
Lacquer （保護層）	9%	3%		3%	
Ink	9%	3%		2%	
其他材料	3%	2%		1%	
合計	100%	100%		100%	

資料來源：工研院材料所 ITIS 計畫 1998.11

　　日前鴻景科技與工研院光電所簽約，成為國內第一家移轉工研院在 DVD 光學讀取頭方面技術的民間廠商公諸於世後，業界再度廣泛討論起我國 DVD 產業是否真能擺脫以往重要零組件受制於外人的窘境；對此國內廠商的看法

大多偏向「樂觀其成」，但也有不少廠商以「國內光學技術發展與日本相去太多」為由，認為國內 DVD 產業因此便提高零組件自主性的可能性不大。

　　儘管對此椿合作案的前景各方看法分歧，但以目前情勢而言，對我國 DVD 相關業者最有利的做法是：集中資金與人才，將政府在光學讀取頭上的先期開發工作延續下去，務使我國與日系 DVD 光學讀取頭供應商的量產技術能力差距降到最小，這樣我國的 DVD 產業才有機會因上、下游產業整合而享有豐厚的利潤。

　　為何我國與民間企業應同心協力開發包括光學讀取頭、主軸馬達等在內的 DVD 零組件？或許我國 CD-ROM 業者對這個問題有最深刻的體認。自 1994 年我國 CD-ROM 產業開始蓬勃發展，到如今雖已成為全球僅次於日本的 CD-ROM 第二大生產國，但亮眼的產量表現卻是許多廠商忍痛以極薄的利潤甚至賠本的方式出售所換得的結果。由於我國並未具備 CD-ROM 零組件的量產技術，大部分必須仰賴日系零組件廠商供貨，但日本廠商彼此間已建立起完整的產銷體系，結果我國 CD-ROM 廠商不是拿到較高價、就是高檔機種缺貨，或是只能拿到舊機種來賤賣。

　　就成本結構的觀點，佔一台 DVD-ROM 製造成本最大比例是晶片組（約有四成），我國的聯發、揚智等廠商已有量產晶片組的能力，但同樣為關鍵零組件的主軸馬達和光學讀取頭佔總製造成本也近三成，再加上供應廠商多為日系廠商、又是寡佔市場，一旦發生供貨不順的問題，可以預期下游廠商勢必會面臨價格驟漲的巨大壓力。

　　如今看來日系廠商在 DVD 產業中的影響力也相當強，就如同他們在 CD-ROM 產業一樣；所幸 DVD-ROM 市場還因為應用軟體短缺、相關規格未能統一及權利金過高導致價格高過市場預期等因素，一般預估要到公元 2000 年之後才會取代 CD-ROM 的主流地位，而且日系光學讀寫頭供應商目前也面臨良率不高的問題，這真是我國 DVD 產業擺脫過去 CD-ROM 苦情歲月的大好時機。日前又有東芝與艾美加(Iomega)兩家重量廠商，宣佈將推出 CD-RW 光碟機相關產品。表面上看起來兩家廠商也不過就是向 CD-RW 光碟機的市

場魅力屈服；但若深入了解兩家公司的狀況，便會發現兩家廠商這個不約而同的動作背後的含意相當耐人尋味。

首先談談這兩家廠商之前的概況。話說在眾家光碟機廠商中，東芝是 1998 年之前 CD-ROM 光碟機的全球最大供貨商；在 CD-ROM 光碟機的產品利潤大幅轉薄之後，東芝便積極將開發重點轉至 DVD 相關新產品上，包括 DVD-ROM、DVD player 以及可重複寫入的 DVD-RAM 光碟機。對於只能寫入與目前 CD-ROM 同樣 650MB 容量大小的 CD-RW 光碟機，東芝過去一向認定只會是個由 CD-ROM 過渡至 DVD-ROM 時代的階段性產品，不具有投入的價值。

然而 1999 年來 DVD-ROM 產品的市場反應卻是相當冷淡。東芝與日立、松下等日商一廂情願地大幅增產 DVD 相關產品，但現階段消費者顯然不認為有必要以高於 CD-ROM 光碟機 30 美元以上的價位，購得 4.7GB 大容量的 DVD 儲存裝置，使得 DVD 產品幾經面臨庫存壓力。東芝在此時點宣佈推出結合了 DVD 與 CD-RW 兩項功能的光碟機產品，藉 CD-RW 光環拉抬 DVD 產品的意圖十分明顯。

而艾美加這家公司最為人所知的產品便是名為 Zip 的高容量磁碟機 (100MB)。艾美加在該項產品上可說是市場獨佔者，只可惜 Zip 產品的市場規模只佔不到 PC 市場的 10%，使得艾美加自 1997 年起便因 Zip 市場飽和而開始嚐到虧損的滋味。1998 年艾美加新推出了標榜體積迷你的 Clik!磁碟機，企圖進攻包括數位相機、MP3 播放機等各類可攜式產品市場；不過由於各式快閃記憶體早已廣泛使用於此類產品中，因此 Clik!所面臨的挑戰相當艱辛。

就產品定位來看，CD-RW 光碟機和艾美加原有的 Zip 產品在產品功能上有若干相近處。然而光碟機市場與技術並非艾美加所熟悉，且投入 CD-RW 光碟機市場所需資金龐大，對目前人力、物力均有限的艾美加而言，無疑是個經過審慎思考後的抉擇。

以上兩家廠商進入 CD-RW 光碟機產品領域的心路歷程雖然不盡相同，但兩家均屬於產業界的重量級廠商，又都是對 CD-RW 光碟機產品的市場擴大的狀況，經過一段時間的觀察後所做出的決定，因此勢必會對 CD-RW 市

場或多或少產生影響。艾美加挾其長期以來在個人電腦儲存裝置的品牌優勢，少不了在重視品牌形象的 CD-RW 光碟機市場分一杯羹；而東芝所推出的結合 CD-RW 與 DVD 功能的光碟機，更是有機會在眾多的可覆寫光碟機產品之外，再創造出另一個迷人的明星產品。

在現階段 CD player（可讀取 CD-R 音樂片）已有廣大裝置量、盜版軟體情況猖獗、而 DVD 應用正方興未艾的環境下，一部既可複製 CD-R/CD-RW 碟片、又可讀取 DVD 碟片的光碟機，可說是完全符合世代交替所需。以東芝相當積極地將此產品定價在 400 美元（當初東芝推出 DVD-RAM 光碟機時定價約 700 美元），預估只要東芝能大量生產該產品，並將價位降至 200 美元以下（CD-RW 光碟機目前平均價格約 200 美元），勢必會夾殺到原本的 CD-RW 光碟機市場區隔（等於是和一般的 CD-RW 光碟機無明顯價格差異，卻還附加了 DVD 功能），此外，還可達到加速 DVD 光碟機普及的目的。

在各家大廠搶進 CD-RW 光碟機產業之後，可預期將使得具覆寫功能的光碟機將愈來愈普遍，換言之唯讀型光碟機（CD-ROM、DVD-ROM 光碟機）的價值真是愈來愈不值錢了。在預期 DVD-ROM 光碟機即將大幅進軍低價電腦市場區隔的時間點不遠之際，仍以 CD-ROM 光碟機為主力產品的我國光碟機廠商豈可不慎乎？

第七節　結語

就光碟機產業而言，由於光碟機之關鍵零組件主要來自日本、歐洲、台灣，而生產據點以中國大陸及東南亞為主，因此在供給方面不受影響；但 911 攻擊事件短期將造成美國消費支出減少，故對已呈疲態的 CD-ROM 光碟機及 DVD-ROM 光碟機的銷售將更為不利，但此事件凸顯出資料備份的重要性，將刺激記錄型 CD-RW 光碟機需求的成長，由於我國光碟機廠商自 2000 年下半年起已逐漸將生產重心移至 CD-RW 光碟機上，故 2001 年我國光碟機產值仍將有成長表現。以光碟片產業而言，因主要 PC 料及染料來自日本及歐洲進口，在原材料的供應上不受影響，出貨亦可維持正常；但從消費面來看，

預錄型光碟片買氣將因消費支出減少而下降，而以 CD-R 光碟片為主的記錄型光碟片將因資料備份及複製需求的成長而有較佳的表現。長期而言，龐大的重建工程，對於資訊設備的購置需求，可望為光碟機及光碟片產業注入動能，但未來原物料價格的波動將是廠商能否持續獲利的觀察重點。

由於全球景氣仍呈膠著狀態，加上「911 事件」的衝擊，相關光電產品亦將因消費者支出減少而受波及，但「911 事件」同時也開啟一些產業的契機，加上網際網路盛行，網路上資訊、影像、語音等相關應用需求的提升，對於高傳輸速度及寬頻的需求仍持續快速提升中，配合電子產品數位化發展趨勢，將推動光資訊、光通訊及他相關光電產品需求之持續成長，未來光電產業仍極具發展潛力。而我國光電產業雖受全球不景氣衝擊，然因我國廠商在 CD-RW 光碟機、CD-R 光碟片等相關產品方面仍有相當的發揮，加上大型 TFT-LCD 產能陸續開出及光通訊主動元件產能挹注下，故預估 2001 年我國光電產業之總產值仍將有成長表現，「911 事件」雖造成些許影響，但新台幣 4,649 億元的產值規模應可達到；至於在未來的發展上，「分散風險」應是廠商須積極思考的課題。

問題與討論

1. DVD-ROM 光碟機產業的競爭力，憑藉的為何？

2. 為何 DVD-ROM 光碟機近兩年來的市場發展遠不如預期？

3. 台灣將如何開發 DVD-ROM 相關產品？

4. 台灣光儲存產業廠商應掌握哪些要素，以擁有競爭力？

5. 為何我國與民間企業應同心協力開發包括光學讀取頭、主軸馬達等在內的 DVD 零組件？

參考資料

1. 工研院材料所 ITIS 計畫，1998.11

2. 1999 年 T.S.R，資策會 MIC

3. 經濟部 ITIS 計畫，1999 年 12 月

4. 工研院光電所 ITIS 計畫，2000 年 1 月

5. Fujiwara：工研院光電所 ITIS 計畫，2000 年 6 月

6. Fuji Chimera Research：工研院光電所 ITIS 計畫，2000 年 1 月

7. 工研院光電所 ITIS 計畫，2000 年 6 月

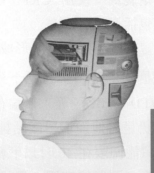

光顯示產業
（投影機）

4

第一節　產業定義、範圍、市場區隔

　　光顯示器產業可定義為：使用 CRT、LCD、PDP、ELD、VFD、LED⋯等多種顯示式技術，包括傳統式及平面式，將技術應用在一般消費性電子產品上，即生產可攜式資訊產品之廠商所形成之產業。

　　光顯示器產業範圍涵蓋甚廣，包括下列傳統式的 CRT，以及平面式之 LCD、PDP、ELD、VFD、LED⋯等；無論在全彩化、對比度、亮度、視角、解析度上，CRT 雖然仍是其他顯示器產品挑戰的目標，但是在大型化後所衍生的厚重程度，讓它只能侷限在 40 吋以下發展，而 TFT 型 LCD 雖然在直視型方面仍有大型化的量產問題待克服，但是就顯示畫質特性來說，歷經近年來的改善，已可媲美 CRT，但是單位成本之價格仍難與 CRT 抗衡，而 PDP 近年來在日韓廠商的努力改善下，無論是全彩化、對比度及亮度，都已達到一般家用電視的需求。而有機電機發光顯示器(OLED)再結合低溫多晶矽(LTPS)技術的發展，由於自發光、免 color filter 及背光源，以及甚至不需驅動 IC 等特性，就能達到全彩化及廣視角，更是使得光顯示器的發展跨入了新的領域。

　　光顯示器產業之市場區隔上，可區隔為以下市場：

1. 超大型視訊用顯示器

　　超大型視訊用顯示器 PDP 與 Micro Display 主要應用產品為 PDP TV 與投影機（包括前投影機及背投影機），就成本結構來看，上述顯示器佔應用產品成本的 30%至 40%左右，而 PDP 與 Micro Display 的規格特性也成為設計 PDP TV 與投影機時首要考量的因素。目前投影機用的 Micro Display 主要有 LCD（HTPS，高溫多晶矽）、LCOS 與 DLP(Digital Light Processing)，另外一種是以傳統 CRT 做成的三槍投影機。

　　在應用產品市場區隔上，前投影機的觀賞尺寸在 60"以上，因此現階段並無相關的競爭產品；60"以下則有 PDP TV、背投影機與直視型 CRT TV 互較長短，但目前 CRT TV 的畫面最大約 38"，因此在 40"與 60"之間的應用市場，便成為 PDP 與背投影機相互角力的地方。前投影機市場興起可歸因於：

商業活動增加、與筆記型電腦搭配的 DATA Projector 需求上升、員工訓練活動增加、無辦公室時代的來臨等。1999 年銷售量為 76 萬台，今年可達 105 萬台。預計未來每年可保持 20 至 30%的成長幅度，1998 年以前，前投影機可說是 LCD 投影機的天下，相關的技術最為成熟，但專利問題也最多，1999 年起 DLP 投影機優越的產品特性（包括：重量輕、高解析度、亮度高）迅速在市場崛起，當年度出貨達 15 萬台，2000 年度成長至 26 至 29 萬台，佔整體投影機近 30%的比重。

2. 大型資訊用平面顯示器

大型資訊用平面顯示器以 TFT-LCD 為主，市場區隔上，主要包括應用在筆記型電腦與 LCD 監視器，1999 年大尺寸 TFT LCD 產值為 104 億美元，2000 年成長 20%達 125 億美元，今年預計成長率為 15%，應用產品的比重上，1999 年監視器用 LCD 佔約 21%，今年則拉升到 27%；筆記型電腦用 LCD 由 78% 降至 72%，TV 市場則由 0.2%提升至 0.8%。2000 年筆記型電腦與 LCD 監視器用 TFT-LCD 需求量為 3017 萬片，而實際供給量達 3300 萬片，出現約 300 萬片的超額供給。需求方面乃是以 2001 年筆記型電腦 2770 萬台、LCD 監視器 1200 萬台、大尺寸 LCD TV45 萬台所計算出來的結果；從行銷理論來看，初期 LCD 監視器的採購者為「創新使用者」，此一市場特徵是銷售成長率高、消費者對價格的敏感度較低，若以全球監視器需求量一億台的 7%來估算創新使用者，則今年 700 萬台 LCD 監視器已經滿足此一目標客戶群。未來若想進一步將市場擴展到「大眾使用者」，則價格是最重要的因素，長期來看，LCD 監視器仍具有相當大的成長空間。

3. 中小尺寸可攜式顯示器

中小型（10"以下）可攜式顯示器主要為 TFT-LCD、LTPS、STN/TN、OLED、VFD、FED 等，主要應用領域為手機、PDA、DSC、DVC 等等，1999 年產值 5395 百萬美元，2000 年成長 34%達 7219 百萬美元，預計 2001 年成長 16%達 8348 百萬美元，目前仍以 STN/TN LCD 所佔的比重最高。

雖然各式中小型顯示器的競爭相當激烈，但以耗電量、價格來看現階 STN/TN LCD 在可攜式市場仍較具優勢，加上主要廠商 Sharp 與 Seiko、

Epson、松下持續在該領域投入研發，朝向高解析度、彩色化、塑膠面板、低耗電等發展，讓原本已相當成熟的 STN 產品持續成長。為了使 STN LCD 更省電，反射式是廠商發展方向，目前反射率在 30%左右，反射式 LCD 固然可以省電，但也會降低對比度，因此這也是未來必須改進的地方。

第二節　產業現況及未來發展趨勢

投影機的原理與投影片或幻燈片相同，都是使用高亮度燈泡為光源，將顯示內容投射至白色螢幕或牆壁上。投影機產業技術的發展從映像管(CRT)、非晶矽(a-Si)、多晶矽(p-Si)至所謂的數位微鏡元件(Digital Micromirror Device, DMD)與 LCOS(Liquid Crystal On Silicon)反射式液晶投影等，過程當中的技術變化頗多。

以產業現況來看，我們可發現投影機一直跟隨著筆記型電腦的腳步成長，這個情況可從兩者發展的歷史軌跡中得知：1996 年筆記型電腦解析度的主流規格快速的從 VGA 轉換至 SVGA 的同時，由於當時主流的投影機解析度為 VGA，因此市場一度造成 VGA 投影機供過於求，而 SVGA 投影機供不應求的現像；而當筆記型電腦漸漸從 12.1 吋(SVGA)轉換至 13.3 吋或 14.1 吋(XGA)的同時，投影機的解析度亦漸漸的轉換至 XGA 投影機的市場。

未來趨勢方面，隨著筆記型電腦占個人電腦比例不斷增加的同時，預期投影機需求可得到相同刺激。除了解析度外，另外兩個重要的影響因素，就是重量與亮度。投影機產品因為體積小、重量輕、攜帶方便，加上筆記型電腦性能不斷提升與銷售量日漸擴增和普及，進而帶動多媒體簡報風行，使得原本只是以辦公室自動化(OA)市場為主的投影機產品，未來除了在消費性電子市場發展之外，也將切入所謂的個人電腦週邊市場。

探討投影機的產業現況，如果從市場應用區分，投影機市場可區分為消費性與商業性等兩個市場。若要區分更細的話，投影機市場可區分為消費性、商業性、大型場合、小型場合與高性能等五個市場，如表 4-1 所示：

表 4-1　投影機的應用市場

應用市場	說　　　　明
消費性市場	投影電視，家庭電影院，HDTV，以背投式機種為主
商業性市場	一般會議室，銷售或簡報專用，SOHO，以攜帶型以下機種為主
大型場合	體育場，戲院，大型會議室，教堂，大型貿易展中心等，以高亮度為訴求重點
小型場合	教育機構，政府單位，一般展示館，金融交易所，旅館，Clubs，醫院等
高性能	電視牆，軍事用途，飛機或船上，CAD/CAM 等，以高解析度為訴求重點

資料來源: 資策會 MIC ITIS 計畫，1999 年 10 月

　　由於技術的進步，使得過去高價的投影機漸漸式微，隨著投影機重量愈來愈輕，亮度愈來愈高，投影機邁入個人電腦週邊的時代確定已經來臨。這一連串的改變，使得投影機配合筆記型電腦以多媒體方式呈現簡報的風氣，亦日漸風行，因此在未來發展趨勢方面，超攜帶型以下機種的投影機相對於其他投影機機種，未來將呈現較大的成長。

　　就技術原理來看，目前就產業現況而言，投影機有三大主流，高溫多晶矽穿透式液晶 LCD 面板、以德儀專利數位微鏡裝置(DMD)開發出來的數位光源處理器(DLP)以及反射式液晶(LCOS)微型顯示器三大類。

　　1995 開始，Sony 與 Seiko-Epson 高溫多晶矽(HTPS)TFT-LCD 面板製作技術成熟。加上 1998 年德州儀器(TI)改變銷售模式，將只專注於 DMD 技術，授予其他廠商整合系統技術的狀況下，投影機市場以「技術進步，價格下跌」的趨勢，帶動了投影機的銷售市場，根據 Pacific Media Associates 統計，1998 年三片 HTPS 液晶投影機市場量共成長 60.3%，而市場值只成長 43.3%，而 DLP 投影機的市場量成長了 192.6%，而市場值只成長 168.5%。在技術不斷更新，價格持續下跌的狀況下，的確刺激了市場對投影機的需求。

　　從這三種技術的成本來看，LCD 產品的關鍵元件成本未來的下降空間不大；LCOS 產品的下降空間最大；而 DLP 式元件由於只有一家供應商，元件下降空間的成本有限。不過，由於 DLP 體積小構造簡單，在高階市場將有獨佔的局面。

表 4-2　主要投影機技術介紹

技術	顯像元件	成像方式	產品區隔
液晶(LCD)投影機三片式	高溫多晶矽穿透式液晶面板	先將光源分離出 RGB 三原色，分別投射至 3 片 LCD 面板，再透過合光稜鏡合成全彩影像。	高階數位投影機市場
數位光源裝置(DLP)	DMD 晶片	將光源投射至 DMD 晶片上，透過晶片上許多微小鏡片不同的角度轉動，造成光線直/折射取得影像，再經過高速轉動的色環取得全彩影像。	超可攜式簡報用投影機市場
微型顯示器	反射式液晶(LCOS)面板	成像方式類似三片式液晶技術，不過光線非穿透 LCD 面板，而是採用反射方式聚合影像。	發展焦點鎖定背投式數位電視、監視器領域

資料來源:電子時報，1999 年 10 月

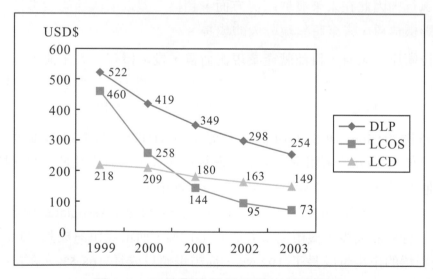

圖 4-1　三投影機關鍵元件的價格趨勢

資料來源：PIDA，2000 年 4 月

第三節　產業上下游關聯與產業價值鏈之領導廠商與競爭者分析

投影機產業之上下游關連可以用魚骨圖表示之，我們將投影機所需之關鍵零組件加以區分，繪製成魚骨圖，再加以探討其中生產各零組件的廠商，進一步歸納出產業上下游關聯。

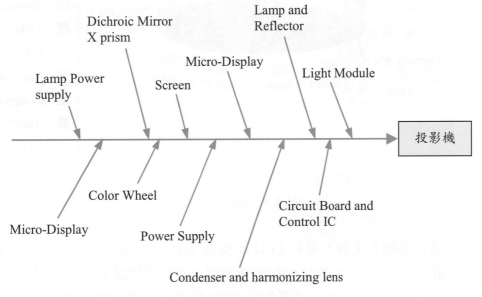

圖 4-2　投影機上下游關聯魚骨圖

資料來源：工研院光電所，2001 年

在投影機產業之領導廠商與其競爭者分析方面，1998 年排名一、二的銷售商 InFocus 和 Proxima/ASK 合併成 InFocus，成為最具優勢的投影機品牌供應商，2000 年這二個品牌占全球 33％的市場占有率；此外 EPSON 大約占有 9％的市占率、約 7.41 萬台。

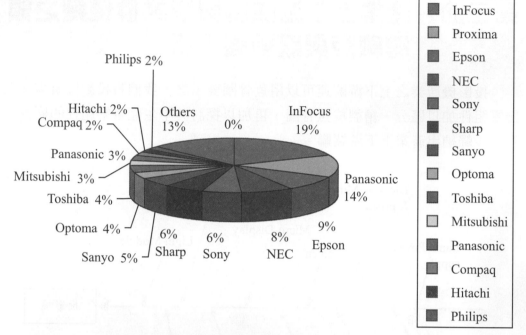

圖 4-3　投影機產業廠商市場佔有率

資料來源：Dataquest，1999 年

　　但就製造能力來看，握有 LCD 面板供應能力的 EPSON 仍是最大的投影機製造商，以 24％的出貨比率居全球龍頭，至於其他排名在前 5 大的 LCD 投影機供應商，排名第二至第五的廠商包括：Sanyo 的 14％、Sharp 的 10％、以及 NEC 的 11％、Hitachi 的 11％等，清一色為日商的天下，也證明出唯有掌握關鍵面板供應能力，才具有真正的製造優勢的關鍵。

　　以下為各大廠的簡介：

1. InFocus：以品牌優勢的行銷通路與製造能力著稱，目前透過三種品牌銷售：Infocus, Proxima, ASK，分別提供高階、中階及低階產品。

2. Epson：LCD 投影機與光機引擎製造牛耳，主要競爭優勢來自關鍵零組件(HTPS)與掌握多項投影機專利。

3. SONY：具有豐富的產品與優越的研發設計能力，全球僅 SONY 與 EPSON 可提供 HTPS 關鍵光引擎。

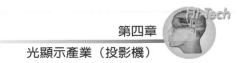

4. Hitachi：銷售策略包括自有品牌與 OEM，為全球五大廠之一。除 LCD 投影機外，DLP 投影機也是其發展重點。

目前 DLP 投影機生產主要集中於 InFocus、Davis、PLUS、Optoma、Acer 及 Liesegang 等少數廠商中。而在 LCD 投影機方面，投影機製造商幾乎集中於日本，若加上 EPSON 與 SONY 則更顯示出擁有液晶面板供應能力者，才能獲取製造優勢。

台灣廠商多以代工業務為主，目前約有 30 多家廠商相繼規劃跨入投影機市場領域，但影響力仍有限。資訊產品廠商的介入，包括 Compaq、IBM 及 HP，均是以釋出代工訂單方式，取得產品銷售，因此具備相關產品合作基礎之廠商較易於成為下單對象。

台灣數位投影機產業發展可追溯到 90 年初期，由工研院主導的數位電視開發案。當時龐大的商機使 98 年國內的投影機投資熱潮攀上頂峰，宣稱準備投入投影機開發的廠商超過 50 家。但是在光電整合人才難覓、關鍵零組件來源不易情況下，多數廠商都按兵不動，不過抬面下關鍵零組件開發、光學引擎生產、整機組裝製造的投資仍暗潮洶湧。

就台灣投影機發展歷史來看，早在 10 餘年前，國內的投影機產業即已萌芽，以 CRT 三槍投影機為主，也有開發出 CRT 背投式電視機種。但因當時產品影像的亮度、清晰度仍難以提升，加上價格過高，市場接受度不高。

最近幾年產品發展至穿透式 LCD 技術數位投影機，其中中強光電更是生產廠商的佼佼者，6.4 吋單片式 LCD 投影機產品，成為全球最大供應商。而從三片式 LCD 機種開始，投入的廠商逐漸增加，尤其以光電所技轉案的華映、誠洲，及成立光學研發團隊的廣象（台達電子投資）、明碁電腦、創日科技、世界巔峰、鴻友科技、致伸科技為代表，此外前錦科技、捷揚光電、慧生科技、大億光電等新進廠商也積極投入，也正式啟動了台灣數位投影機產業的倍速發展時代。

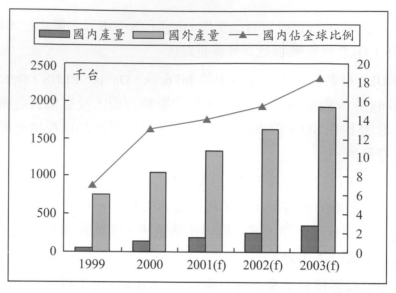

圖 4-4　我國投影機產業佔全球產量成長圖

資料來源：PIDA，2000 年 4 月

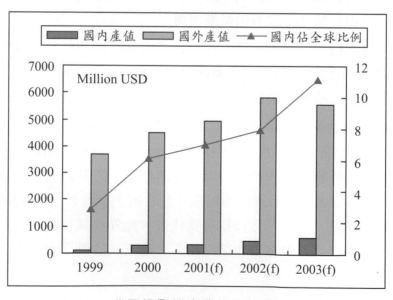

圖 4-5　我國投影機產業佔全球產值成長圖

資料來源：PIDA，2000 年 4 月

到 2000 年爲止，我國投影機產量約佔全球產量之 15%，產值則在 10% 以下。預計未來低價化趨勢及 LCOS 技術的興起，臺灣廠商的佔有率及重要程度將會漸漸上升。

表 4-3　台灣數位投影機產業結構概況

領域	項目	廠商
上游元件	光源燈泡	國喬光電、工研院材料所、永炬
	鏡片	光群、益進、保勝、旭光
	鍍膜元件	劍度、益進
	LCOS 面板	碧悠、激態、台灣微型影像、前錦科技
中游組件	鏡頭	大億、益進
	光學引擎	自行研發：慧生、大億、捷揚、前錦、明碁、世界巔峰 工研院技轉：華映、誠洲
	外殼模具	華孚科技
組裝/通路	整機製造　前投式	中強光電、明碁、台達電（廣象）、世界巔峰、光群、創日、英保達、鴻友、誠洲、華映、致伸等
	整機製造　背投式	台達電、青雲、華映、前錦、皇旗。 背投螢幕：精碟
	測試儀器	慧生、致茂、光電所
	通路品牌	優派、甲尚、恆威、喜誠、天剛、佳能、富磐

資料來源：電子時報、光電協會，1999 年 10 月

就液晶投影機之產業供應鏈而言，可分爲上、中、下游，形成產業價值鏈，綜觀整個產業主要領導廠商主要爲中強光電與明碁；關鍵零組件如 LCD、燈泡及光學元件稱爲上游，領導廠商及互爲競爭者包括慧生、大億；光學設計並將相關零組件組合成光學引擎稱爲中游，領導廠商及互爲競爭者包括中強光電、明碁、誠洲、世界顛峰、皇旗光電、光群等等；將光學引擎配上控制電路、電源、機殼等部份做出最終成品，可稱爲下游系統廠商，領導廠商及互爲競爭者包括中強光電、明碁、慧生、大億等；目前台灣投入數位投影

機下游產業居多，以外購 LCD 光學引擎、再進行整機組裝生產的類型爲主；其次少數廠商自行開發光學引擎設計，並進行整機組裝生產；也有少數廠商投資關鍵零組件供應來源，以搶得利基市場。如圖 4-6 所顯示之廠商即爲產業價值鏈中各階段之領導廠商以及競爭者。

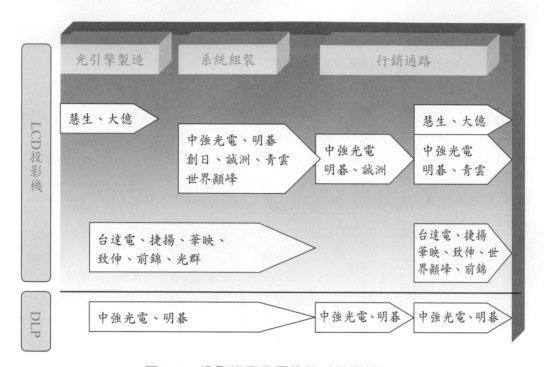

圖 4-6　投影機產業價值鏈（供應鏈）

資料來源：PIDA，1999 年 10 月

　　根據 PIDA 綜合投影機本身的價格、解析度、亮度及重量發展過程所做的研究，以及比較目前市場中各投影機產品之基本屬性可得知：投影機在平均單價方面，由 1999 年的 4900 美元，下降至 2000 年的 4200 美元；解析度表現上，則逐漸以 XGA 級爲主；亮度要求方面，則提昇至 1000～1500 (lumen)；重量上逐漸以超可攜型（Ultaportable，6～10 磅）爲主。

　　由於 LCD 技術發展時程較長，因此產品線在各屬性分布較爲平均，且具有價格上優勢；而 DLP 技術則見長於重量輕型化與高亮度表現；LCOS 技術

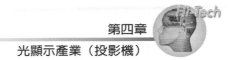

則可能較具解析度表現上之優勢，因此現階段市場中的主要競爭，來自於 LCD 與 DLP 技術在低階機型市場的相互競爭，而此一競爭之最終結果將可作為評估未來是否能夠搶佔一般消費市場的指標之一。

面對以歐美與日本技術領導大廠為主導的產業現況下，台灣廠商雖投入投影機產業者眾，但卻在發展上無法快速發揮既有之生產優勢，主要原因乃在於未能掌握關鍵零組件與技術。而國內廠商在尋求突破此一瓶頸之方法時，LCOS 技術便成為國內廠商引領企盼的另一技術發展方向。工研院電子所目前已開發出反射式液晶面板成品，另外，包括華映、誠洲、慧生、前錦、世界巔峰、廣象、光群、碧悠、台灣微型…等多家廠商則分別以技術移轉或與國外廠商合作方式投入研發。

雖然 LCOS 技術具備高解析度能力且能利用既有半導體製程技術製造，對於降低液晶面板生產成本有相當之助益，但以整體投影機性能表現所需條件而言，仍需配合發光元件與鏡片光學系統的搭配設計。以目前 LCOS 技術的發展現況而言，由於在封裝、量產技術與生產良率等問題上，尚未獲得解決，因此成本仍高於現有 LCD 與 DLP 技術。其次在投影機亮度表現、影像色彩處理能力等方面，尚未有完整技術切入 XGA 級以上之機種。因此從產品性能、價格與現有市場區隔分布分析，現階段的 LCOS 技術仍難與 LCD 或 DLP 技術相抗衡。而從廠商最近所推出的產品樣式以及其研發動向等方面來看，包括中強光電、台達電子、光群雷射等廠商，在 LCOS 的技術應用上，似乎以應用於 HDTV 的背投影技術為現階段主要發展方向。

面對資訊、通訊與消費產品的整合趨勢，以及資訊技術的應用普及，在進行商品化的同時，使得以往清楚界限的產品定位日趨模糊。投影機也就是在這樣的趨勢下，得到不同的發展方向。相信在多媒體趨勢的推波助瀾之下，投影機除了在現今的 AV 或 OA 市場之外，將會堂堂進軍 PC 市場，如果投影機能夠成功發展成為筆記型電腦的週邊產品，其發展潛能將不會如此簡單，市場前景一定十分可觀。

第四節　產業領先條件與產業競爭優勢來源

投影機的產業領先條件在於企業投入的研究發展以及所擁有的核心技術知識，市場資訊的掌握、產業中的研究發展與技術知識的取得。主要透過產業群聚，透過投資或購併的方式，建立起更堅強的上下游策略聯盟關係，進一步進行共同研究發展，同時亦有助於人力資源的培養。

例如光群雷射光電在上游關鍵元件部分即具備了國內的產業領先條件，光群除了投資反射式液晶(LCOS)面板供應商 Aurora、成為第二大股東外，自身則握有光學元件如鏡片、稜鏡的技術優勢，加上世界巔峰在系統組裝和通路經營的基礎，已經整合起初步的投影機事業策略聯盟，因此具備了初步的產業領先條件。

此外，光群也確定參與聯電發起的 LCOS 投影機合作聯盟，和台灣多家LCOS 投影機上下游廠商合作，合力構建台灣投影機產業的領先。但為早日發展出全面性的投影機研發技術優勢，光群內部仍將繼續整合台灣投影機業者。至於合作的對象，則將以具備光學引擎開發技術的業者為主，以求增加光學引擎產品線的開發廣度和實力，進一步形成產業領先條件。

投影機產業的競爭優勢來源主要在於企業是否能從設計製造、整機組裝、市場行銷、客戶服務等整個產銷環節累積完整經驗，以真正瞭解投影機產業的技術問題、客戶需求，從而對客戶提出完整的合作計畫的品質保證，縮短客戶開發時間、降低開發成本。因此掌握消費性市場對產品的特性要求，亦即掌握了投影機產業的競爭優勢來源：主要在於品牌、價格、品質穩定和售後服務系統。

例如捷揚光電由整機出貨轉入光學引擎，公司就捷揚未來的產業服務定位提出討論，最後決定增加光學引擎的出貨項目，擴大營業範圍和營運彈性。未來整機出貨和光學引擎生產將並行作業，但將維持一重要原則，就是整機銷售的服務範圍以不砥觸光學引擎客戶的訂單為主。

另外，對於數位投影機業者而言，LCOS 最大產業競爭優勢在於其面板成本的競爭力，以及影像色彩的表現能力，亦即在於設計製造與組裝等因素，

而弱勢則是體積較爲龐大；但在背投顯示器充足的機體空間中，光學引擎體積大小並非問題。因此，在綜合價格、性能和 LCOS 面板供應源的多種條件中，背投顯示器將是 LCOS 技術的天下。

在 DLP 投影機方面，DLP 在數位投影機市場的產業競爭優勢主要在於設計製造與市場行銷，設計製造上，產品是否具有輕薄短小和高解析度的競爭優勢便成爲關鍵。

另外，在市場行銷方面，廠商如果能掌握了光學元件、光學引擎設計、系統組裝等一貫的產品整合優勢，除了影像品質外，價格將成爲最大的產品競爭優勢，相近規格的產品，價格甚至能比其他競爭廠商便宜在 200～300 美元之間。

第五節　產業關鍵成功要素分析

投影機產業的產業關鍵成功要素經過我們問卷調查與專家訪談的結果，主要可以分爲下列幾項：

1. 技術合作網路

由於台灣廠商在投影機方面剛投入市場，因此在上游關鍵元件部分，必須透過與國外先進廠商進行策略聯盟，以取得關鍵零組件的技術。例如光群除了投資反射式液晶(LCOS)面板供應商 Aurora，成爲第二大股東外，自身則握有光學元件如鏡片、稜鏡的技術優勢，加上世界巔峰在系統組裝和通路經營的基礎，已經整合起初步的投影機事業策略聯盟。

此外，光群也確定參與聯電發起的 LCOS 投影機合作聯盟，和台灣多家 LCOS 投影機上下游廠商合作，合力壯大台灣投影機產業。但爲早日建構全面性的投影機研發技術優勢，光群內部仍將繼續整合台灣投影機業者。至於合作的對象，則將以具備光學引擎開發技術的業者爲主，以求增加光學引擎產品線的開發廣度和實力。

2. 企業創新能力的提升

此外，隨著投影機產品生命週期越來越短，企業的創新能力便顯得越加重要；自身的新產品開發技術實力，和量產能力的提升等都是企業重要的創新能力；其次，為和代工大客戶有明確產品區隔，開發新產品方向，以輕便小型的高亮度可攜式投影機產品為主，在產品特性上便可和其他競爭對手作出基礎市場區隔。

3. 先進與專業資訊的流通與取得

在數位投影機產品事業，國內廠商通常維持自有品牌和客戶代工的二元化行銷體系，但因代工客戶基礎逐漸擴大，為避免自有品牌事業可能引發代工客戶產生市場競爭的疑慮，因此有必要將製造和品牌事業各自獨立為單獨運作的分公司體系，以明確區隔品牌和代工的市場經營。而在品牌與代工的區隔上則各需要先進與專業資訊的流通與取得，以評估及擬定各自市場的開拓策略；同時透過市場偵測機制的建立，可以使得企業資源在各個市場上的適當配置，以獲得最大的營運績效。

第六節　產品成本分析與競爭者分析

在投影機產品的成本分析上，目前數位投影機主流仍屬穿透式液晶投影技術，因此人工組裝成本僅佔整體售價的 5% 左右，而 LCD 面板、光源燈泡等關鍵組件則佔了 50%。至於台灣廠商寄以厚望的反射式液晶(LCOS)面板，距離技術穩定、大量生產階段都還需要 1～2 年的成熟時間，生產製造成本可謂偏高，因此 LCOS 投影機很難在短期內量產獲利。

在競爭者分析方面，由於投影機的心臟是 Micro Display，誰抓得住這個核心競爭力，誰就能掌握投影機市場，目前 LCD 是寡佔市場，只有 SONY 和 Epson 供應，DLP 則是只有 TI 生產的獨門生意，LCOS 則有眾多廠商投入發展積極，彼此競爭態勢消長，還有待觀察。PDP 到 2003 年全球產值業務用有 15.13 億美元，產量為 85 萬台，民生用的產值為 5.4 億美元，產量為 45 萬台，但需要克服價格降低、低耗電、高解析度、亮度提升、以及大畫面等

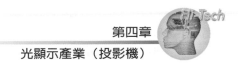

問題，目前進行投資擴廠的廠商有 FHP、NEC、松下、SDI、LG、Pioneer、Orion 等，台灣廠商有達碁和華映將建立產品尺寸為 42 英吋的實驗試產線，預定在 2002 年開始量產，台塑也準備投入量產。

PDP 到 2003 年全球產值業務用有 15.13 億美元，產量為 85 萬台，民生用的產值為 5.4 億美元，產量為 45 萬台，但需要克服價格降低、低耗電、高解析度、亮度提升、以及大畫面等問題，目前進行投資擴廠的競爭者有 FHP、NEC、松下、SDI、LG、Pioneer、Orion 等，台灣廠商有達碁和華映將建立產品尺寸為 42 英吋的實驗試產線，預定在 2002 年開始量產，台塑也準備投入量產。

DLP 挾著超輕薄的可攜性，德儀(TI)開發的數位光源處理(DLP)，快速在商用數位投影機市場攻城掠地，在 4 年多內，從液晶(LCD)投影機獨佔的局面中拿下了 3 成以上的市場率。看好未來在家用視聽娛樂市場的需求，TI 已積極進行消費性領域的佈局，並已展現成效，日本家電大廠包括 Sharp、Mitsubishi、Hitachi、Yamaha 等廠商，已於近期內先後推出家用 DLP 投影機產品，部份廠商甚至將產品主力擺在背投電視領域，充份顯示 TI 全力促成 DLP 進軍家用市場的決心。

從 1996 年正式推出 DLP 數位投影機技術後，短短 5 年間，DLP 在 InFocus、Plus、中強光電、明碁電通等 4 大主力供應商的力拱下，在企業商務投影機市場，拿下超過 3 成的市場佔有率。TI 表示，預期企業市場對超可攜式投影機仍有高度需求，DLP 投影機在商務投影機市場的佔有率將會持續增加。

第七節　結論

雖然不同研究機構進行對投影機產業發展預測之結果各有所差異，但各家研究機構對投影機在未來幾年的成長率方面，看法則相當一致，均認為能夠維持 20％～25％成長水準。其中 SRI(Stanford Research Institute)預測，到

2005 年時，全球數位投影機市場總值將達 24 億美元的規模。其中重量在 5
磅以下的超可攜式產品將有最高的出貨成長率，其出貨量將由 1999 年的 3.4
萬台，可躍升至 130 萬的需求量。

　　根據 SRI 2000 年版的研究報告指出，2000 年前投影機(Front Projector)
的銷售量為 106.9 萬台，與 1999 年相較，成長了 36%，預計今年(2001)將再
成長 43%，達到 137.4 萬台；就 2000 年的銷售比重來看，LCD 投影機為 87.1
萬台（佔 76.5%），DLP 投影機為 24 萬台（佔 22.4%），LCOS 投影機為 1.13
萬台（佔 1.1%）。

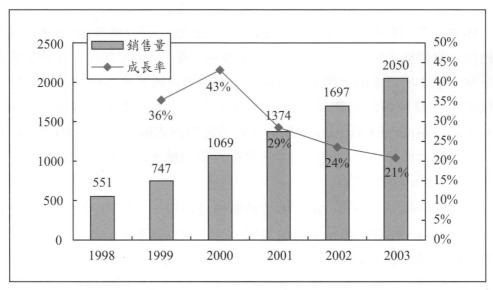

圖 4-7　全球投影機市場銷售量與成長率

資料來源：SRI；工研院經資中心 ITIS 計畫(2001/02)

　　全球投影機市場出貨量在 2000 年及 2001 年呈現成長率下滑現象，主要
關鍵因素為：由於網路環境發展與企業多媒體簡報會議風氣的快速蔓延，使
得液晶投影機之關鍵零組件供應商採行策略性控制液晶面板的出貨，因而造
成投影機廠商未能快速擴產，以滿足潛在市場興起的需求，雖然 DLP 技術於
此時快速切入市場，且市場接受度頗高，但在量產技術與製品良率尚未完全

成熟的限制下，亦未能及時供應 DMD 晶片組與壓低產品售價，造成市場規模未若預期般加速擴張。

然而自 2001 下半年起，包括 SONY、EPSON 與 TI 等三大零組件供應商將陸續大幅擴增 HT-TFT 液晶面板與 DMD 晶片之供貨，因此一般預測全球投影市場規模與產值將可於 2002 年起恢復較高之成長率。

面對上述之預測分析結果，自 2000 年下半年起，已有廠商提出修正的看法。根據 TI 的最新評估報告指出，自 1996 年 DLP 技術成型與 DMD 晶片開始出貨以來，至 2000 年第三季為止已出貨將近 50 萬套。而單就今年上半年為例，TI 已出貨 15 萬套 DMD 晶片組，預計全年將可預計供應 30 萬至 35 萬 DMD 晶片組。與一般預期之研究報告推估 2000 年 DLP 投影機出貨量約在 15 萬至 20 萬台之譜相比較，在供貨進度上實際超出甚多，而目前 TI 也著手開發 0.55 吋晶片組製程，預定 2001 年第一季推出。

其次，以 SONY 與 EPSON 為主之 HT-TFT 液晶面板供應廠商亦於今年宣佈擴產計劃，由 2000 年的 130～150 萬片供應量提昇至 2001 年的 180～200 萬片，於今年 11 月起開始 0.7 吋面板量產。

因此可預見的是，在上游關鍵零組件供貨壓力稍減後，將有助於中下游製造廠商擴大生產規模，降低生產成本，並引導產品價格降低，同時進一步刺激擴大產品需求，使得全球百萬台投影機市場規模將提前達到。

展望今年，對投影機整體出貨量較正面的影響因素包括：

1. 關鍵零組件供應將較為充裕

預計 LCD 投影機所使用高溫多晶矽面板(HTPS)的供應商，EPSON 與 Sony 擴產的效益會逐漸發揮，為對抗 DLP 投影機的威脅，Sony 對 HTPS 面板的供應將會較為寬鬆，加上新供應商 Sarif 預計於今年第二季推出 HTPS 面板；而 LCOS 面板供應商也預計於今年開始大量出貨，HTPS、DLP 與 LCOS 三種技術相互較勁的結果，將會使得下游系統廠商有較大的議價空間。

2. DLP 與 LCOS 投影機將會快速成長

DLP 投影機在重量上的優勢，使得 2001 年將持續 1999、2000 年大幅成長的趨勢；LCOS 投影機則是眾所矚目的後起之秀，初期出貨量不大，不過

其低價（未來）與高解析度的特色將是相當值得觀察的重點，以今年的時間點觀察 LCOS 投影機的價格仍無法與 LCD 或 DLP 做競爭。

3. 資訊廠商積極投入

　　資訊廠商在面臨毛利持續壓縮之際，莫不積極尋求較高毛利的產品，包括：Compaq 與 IBM，而上述資訊廠商的切入策略主要以通路與品牌為主，產品則是尋求委外代工的方式。

　　縱然有上述幾點正面因素，但不可否認的是，以商用市場為主的投影機，在面臨整體經濟成長趨緩的情況下，消費者對於高單價產品的消費能力必定會受到影響。

　　在解析度發展方面，筆記型電腦的發展及消費者對高畫質影像的要求，使投影機向 XGA 解析度發展。預計將來低解析度產品的需求比例將會降低。

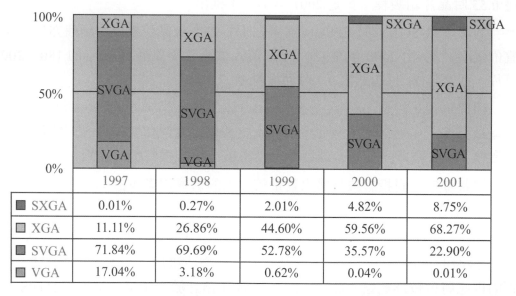

	1997	1998	1999	2000	2001
■ SXGA	0.01%	0.27%	2.01%	4.82%	8.75%
□ XGA	11.11%	26.86%	44.60%	59.56%	68.27%
■ SVGA	71.84%	69.69%	52.78%	35.57%	22.90%
□ VGA	17.04%	3.18%	0.62%	0.04%	0.01%

圖 4-8　投影機市場解析度佔有率之發展

資料來源：PIDA，2000 年

　　在亮度發展方面，高亮度將帶來散熱問題，機構設計困難度提高，但是由於使用者需求，所以高量度的*500～1500 lms 產品，將成為主流產品。

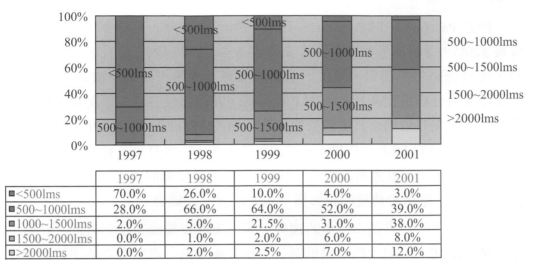

	1997	1998	1999	2000	2001
■<500lms	70.0%	26.0%	10.0%	4.0%	3.0%
■500~1000lms	28.0%	66.0%	64.0%	52.0%	39.0%
■1000~1500lms	2.0%	5.0%	21.5%	31.0%	38.0%
■1500~2000lms	0.0%	1.0%	2.0%	6.0%	8.0%
▢>2000lms	0.0%	2.0%	2.5%	7.0%	12.0%

圖 4-9　投影機市場亮度佔有率之發展

資料來源：PIDA，2000 年

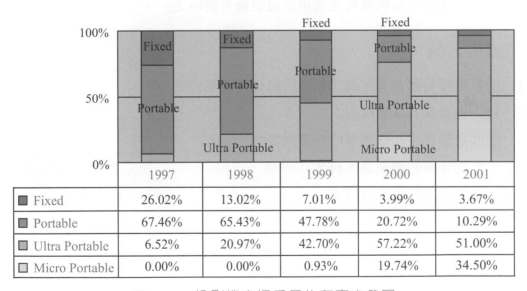

	1997	1998	1999	2000	2001
■ Fixed	26.02%	13.02%	7.01%	3.99%	3.67%
■ Portable	67.46%	65.43%	47.78%	20.72%	10.29%
▢ Ultra Portable	6.52%	20.97%	42.70%	57.22%	51.00%
□ Micro Portable	0.00%	0.00%	0.93%	19.74%	34.50%

圖 4-10　投影機市場重量佔有率之發展

資料來源：PIDA，2000 年

　　在重量發展方面，Ultra Portable 的產品目前為市場主流，下階段各廠家
將競爭推出 3 磅以下的的產品。

　　根據 Pacific Media Associates 預估，西元 2000 年，超超攜帶型投影機將成長 320%，而超攜帶型投影機將成長 49.3%。主要原因在於投影機重量的減輕，使得在銷售與簡報，以及一般公司教育訓練的市場不斷擴大。Compaq 於今年 6 月分即推出 4.2 磅的 DLP 投影機，其銷售模式是與筆記型電腦進行搭配銷售，主攻以銷售為主的商業用途市場。InFocus 於今年 10 月，亦推出 XGA 重 4.8 磅的 DLP 投影機，在可預見的未來，將會有更多輕薄投影機加入市場的競爭當中，至西元 2002 年超攜帶型以下投影機的市場出貨比例，將可高達 80.8%，這對於傳統的投影機市場來說是一大威脅。

　　顯示器平面化將是不可免的趨勢，未來市場規模成長依然可期，在數位電視推波助瀾下，超大型視訊用顯示器將日漸起色，直視型產品中短期仍以 CRT-TV 及背投影機佔優勢，長期則以 PDP 最具競爭優勢，台灣都具有生產優勢，應鼓勵發展投影機、PDP 和其關鍵零組件，做為發展台灣成為全球平面顯示器(FPD)產品開發及生產重鎮重要競爭策略之一。

問題與討論

1. 投影機產業的產業定義、範圍、市場區隔為何？
2. 投影機產業的產業現況？
3. 哪些是影響投影機產業的重要因素？
4. 投影機產業的價值鏈為何？
5. 投影機產業關鍵成功因素？

生物科技產業分析－以血糖測試儀 (Blood Glucose Monitoring System)為例

5

第一節　產業定義、範圍、市場區隔

二十世紀的最後 20 年幾乎是電子、資訊產業的年代，隨著硬體、軟體及網路技術的開發，改變了大部份人類的生活方式；不過在這二十一世紀的起始，生技產業替代了電子、資訊產業成為影響人生活最鉅的產業。近年來，由於生物科技在研發方面的重大突破，將使得生物科技繼工業革命及電腦革命後成為人類的第三革命。關於生物科技的影響廣泛，世界先進各國對於生物科技的發展及管制都極為重視。在台灣，生物科技的研發早已行之有年，各公私立研發機構在生物科技領域的開發都非常的成功。與世界先進各國比較，台灣生物科技的研發、投資及行銷都需要和值得產、官、學界一起來共同努力。一般而言，生技產業的設廠投資相對於半導體等產業而言是比較小的。因此很適合各方的投資者介入卡位，唯一值得考量的是目前仍找不到好的標的。也就是說，生物科技產業正位於產業成長期的最初階段，而且預期這個成長曲線的爆發力很強。在好的 Know-How（知識）條件下，輔以有效的 Working Team（經營團隊），將創造出可觀的價值。

依據世界衛生組織的報告指出，從 1995 年至 2025 年，開發中國家的糖尿病例將增加 170%，人數由 8,400 萬提高到 2 億 2,800 萬。而在同一時期，已開發國家的糖尿病例將成長 41%，人數由 5,100 萬提高到 7,200 萬。糖尿病患者總人數從 1995 年的 1 億 3,500 萬人將增加為 2025 年的 3 億人口，屆時已開發國家的糖尿病患者將多半超過 65 歲，而開發中國家的糖尿病患年齡多半在 45 歲至 64 歲之間。美國 1997 年糖尿病患約 1 千 5 百 70 萬人，其中超過 65 歲者為 630 萬人。糖尿病患多寡和許多社會因素如人口成長率、老年人口比例、食物消費習性、肥胖程度以及工業化及都市化程度等相關。而糖尿病已是許多先進國家的前四大死亡原因之一，未來開發中國家的風險將最大。

糖尿病的診斷依據，目前仍以血糖為主；自體免疫或胰島素阻抗僅做為分類的依據；糖化血色素則做為治療的評估。美國糖尿病學會建議的糖尿病治療目標仍維持為空腹血漿葡萄糖濃度＜120mg/dl 和糖化血色素(HbA1C)＜7%。糖尿病的測試方法早期是利用尿糖試紙來測試糖尿病（現仍有在用），

在 1980 年代初曾有產品是用血糖試紙直接經肉眼比色來測試糖尿病，現在則多用血糖機來讀取試片的資料，以得知血糖濃度。血糖量測原理有多種如葡萄糖氧化酵素(GOD)比色法、電極法、觸媒法、己糖激媒法(Hexokinase method)或葡萄糖去氫媒法(Glucose dehydrogenase)等。一般掌上型血糖機之設計以光電比色技術及酵素電極技術為主。糖尿病患者為了維持血液中適當之胰島素量，一天須做數次之血糖檢查，目前市面上多種血糖機，均是利用扎針取得一兩滴血液以供檢驗，此種取血方法無形中給病人增加很多痛苦。因此除了前述採血針入侵式血糖機外，正在熱烈研發的尚有低入侵式(semi-invasive)及非入侵式(non-invasive)兩大類。

此外，尚有糖化血色素測試(HbA1c test)，主要為瞭解二至四個月內（紅血球之平均壽命）血糖之平均濃度，測試時間約需 6~7 分鐘，結果可做為醫生對治療的評估；如拜耳(Bayer)公司的 DCA2000 系統。亦有氨基果糖之測試(fructosamine test)，主要為瞭解二至三週內（血清蛋白之平均壽命）血糖之平均濃度，可使醫生掌握近期療效之狀況；美國加州的 LXN 公司有此類產品。其他相關儀器多為檢驗科使用，如 HPLC、生化分析儀等，如德國 eppendorf 公司的 EBIO 系列產品或美國俄亥俄州 Yellow Springs Instrument 公司的 YSI2300 系列產品等。

由表 5-1 可知生物感測器之主要市場為醫療檢驗產品，全球應用生物感測研製之醫療檢驗器材市場規模預估至 2000 年達 4.5 億美元，平均成長率為 36.5%。根據世界衛生組織的報告，從 1995 年至 2005 年開發中國家的糖尿病例將增加 170%，同期，已開發國家將成長 41%。因此，以糖尿病為例之成長速度觀之，全球整體醫療儀器市場之需求將持續成長。

反觀國內，台灣醫療檢驗器材有 90%仰賴進口，其中血糖測試儀及試片在 1994 年之進口總值為 7 千 1 百萬元，至 1998 年進口總值增加至 1.4 億元，平均成長率為 22.52%，可見國內市場仍有相當成長之空間；加上國內已實施全民健保，人口老化問題日益嚴重，國內醫療檢驗器材市場需求將與日俱增。表 5-2 是台灣血糖機與試片近五年來進口統計的相關資料。

表 5-1　生物感測器之主要市場

應用領域	1990	1995	2000	年成長率%
醫療檢驗	20	85	450	36.5
工業製程	3	30	145	47.4
農業及畜牧	2	50	100	47.9
安全及防禦系統偵測	2	15	85	45.5
醫用設備	5	25	50	25.9
環境監測	2	20	35	33.1
自動機械系統	1	5	10	25.9
其他	0	12	20	14.9

資料來源：Frost&Sulivan, Technical Insight

表 5-2　台灣血糖機與試片近五年來進口統計

	糖尿病試紙		血糖機	
	金額	重量(KGM)	金額	數量（台）
1994	22,352	7,159	48,536	23,425
1995	41,809	10,275	51,745	33,858
1996	57,751	12,763	54,440	39,061
1997	115,776	21,947	83,258	57,782
1998	89,650	17,151	45,097	25,844

資料來源：海關進出口統計

1.1　血糖計

　　基本上血糖計為一種電流計，量測電流量之檢測儀器。儀器本身主要技術是利用 CPU 來接收轉換，使電流轉換成數字讀值。只要有電子儀器製造能力者皆可設計製造，因此儀器本身無專利保護。

1.2 血糖測試片

表 5-3 為目前主要生產血糖測試片廠商所使用的製作技術，目前採網印技術的成本較其他技術的成本低，而測試片中的配方或製造方法可申請專利。

表 5-3 血糖測試片製作技術

廠　　商	J & J	Roche	Bayer	Abbott	ApexBio
試片製作技術	酵素膜片	蒸鍍	印刷電鍍	三極網印	二極網印

1.3 電極生化感測的反應原理

利用酵素對反應基質專一性特點，加入放大信號之中間物質(mediator)，擴大酵素反應基質之電子信號，此電子信號會經由電極傳至儀器。反應示意圖以血液葡萄糖分析為代表，其構圖如圖 5-1。

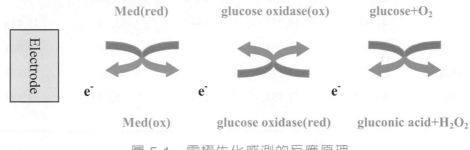

圖 5-1 電極生化感測的反應原理

目前國外主要大廠(Roche, Bayer, Abbott)的血糖檢測儀，都漸以電化學取代光學法（如表 5-4）。而這些大廠在國內市場的佔有率如表 5-5 所示。

表 5-4 血糖檢測儀的核心技術

廠商	J & J	Roche	Bayer	Abbott	ApexBio
國別	USA	Germany	Japan	USA	Taiwan
核心技術	光學比色法	電化學法	電化學法	電化學法	電化學法

表 5-5　大廠在國內市場的佔有率

J & J	Roche	Bayer	Abbott
55-60%	10-15%	15-20%	10-15%

資料來源：工業技術研究院糖尿病醫療市場發展現況與趨勢

1.4　台灣血糖檢測儀產業概況

　　台灣目前生產血糖檢測儀的主要廠商有五鼎生技、邁迪科技及台欣生技。而目前血糖檢測儀出口與進口值分別如下：

表 5-6　血糖檢測儀出口值

糖尿病試紙			血糖計		
年份	金額（千元）	重量(KGM)	年份	金額（千元）	數量
1994	22,352	7,159	1994	48,563	23,425
1995	41,809	10,275	1995	51,745	33,858
1996	57,751	12,763	1996	54,440	39,061
1997	115,776	21,947	1997	83,258	57,782
1998	89,650	17,151	1998	45,097	25,844

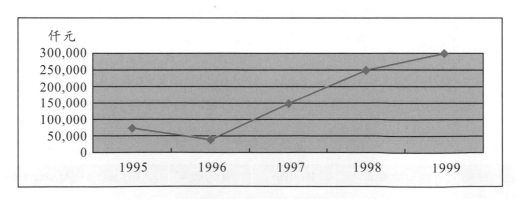

圖 5-2　血糖檢測儀進口值

資料來源：海關進出口統計，工研院生醫中心 ITIS 計劃整理

1.5 血糖檢測儀市場背景摘要

依據世界衛生組織的報告指出，糖尿病患者總人數將從 1995 年的 1 億 3 千五百萬人增加為 2025 年的三億人口[1]。糖尿病發生率約佔全球人口總數之 2.1%左右，預估至 2010 年會成長至 3%。目前糖尿病在美國列為第三大疾病死因，而在台灣則名列第五。血糖檢測應用的主要市場集中於最先進的國家，包括美國、西歐、日本等已開發國家。以美國 1996 年為例，祇有約 10%的病患使用血糖測試用品。影響市場發展的關鍵因素包括：(1)國民所得；(2)社會醫療保險制度；(3)飲食習慣。

表 5-7 國際血糖檢測儀市場概況

年份產品	1994	1995	1996	1997	1998	1999	2000	2001	2002
膽固醇監測器材	0.8	1.3	2.0	2.4	2.7	3.1	3.6	4.0	4.5
體溫監測器材	9.7	10.7	13.0	15.9	18.2	19.1	19.8	20.2	20.4
血糖監測器材	44.4	45.0	44.9	44.8	45.2	46.3	47.5	48.9	50.1
糞便潛血測試器材	3.3	3.1	2.8	2.5	2.2	2.0	1.9	1.7	1.5
驗孕排卵測試器材	24.8	23.7	22.2	20.6	19.2	18.0	16.7	15.7	14.8

第二節　產業現況與未來發展趨勢

我們可以依三個階段，四個構面來看美國生物科技產業的變化。在時間階段上，我們可以將近三十年分為三期，第一期為探索期，時間為 1970 年到

---

[1] 資料來源：Global Prevalence of Diabetes from www.idi.org.au

1983 年；第二個階段爲 1984 年到 1995 年爲奠基期；第三個階段則爲轉形期，時間爲 1996 年到現在。預計在幾年內會轉化爲後基因時期。

在產業構面上，我們可以從四個構面來看。第一個是政府法令及環境因素，這些因素影響產業的發展；第二個是資金提供，這個因素影響產業前進的動力，及影響產業發展的方向；第三個構面是公司型態，這個因素表現了實際上企業如何因應產業的變動；最後則是技術構面，技術的發展及突破帶動產業前進，也可能影響環境及新的資金來源。以下我們以四個時間，簡單介紹近三十年的美國生物科技產業發展的過程：

第一階段　探索期：1970 年到 1983 年

在政府構面，1970 年代初期，由於美國政府認爲癌症對人類影響很大，所以正式動員研發及醫療體系對癌症宣戰，並撥提大量的經費給相關的研究。於是相關的研究活動，開始大量的發展，而整個社會對生物科技也有很高的期望。同時，在資金面，舊金山有許多創投業者在早期電腦硬體及軟體的投資有很好的回收，正在尋找新的標的，這時生物科技就成了一個很好的投資方向。

在這樣的情況下，許多有理想的科學家抱持著對人類福祉有利的想法開辦公司。這些公司，往往由知名的科學家組成，擁有眾多技術及目標，但是對於如何經營，並沒有太多想法。大家只知道這是對人類有幫助的事業，可以進行。另外，在生物科技領域的應用上，也沒有一定的方向，例如可應用在化學上、植物上、工業上、醫藥上。所以很多公司什麼都作，只要有技術的都去作、去開發，但最後往往沒有商業化的成果。

這個階段這些公司的目的，就是證明他們的某一個技術想法是對的，並沒有想到特別的應用。所以很多的研發工作，都是針對科學性的性質探討，並未考慮到市場及應用。

在 1980 發生二件事，一是政府降低資本投資利得的稅率，帶動創投基金的成立與興起；另一件事允許生物技術申請專利，以保有商業利益。這二件事造成 1980 件初創投行業的一個生物科技投資熱。同年，人工胰島素被發展出來並允許上市，更加強對生物科技的偏好。而這時，第一家生物科技公司

Genetech 公司也在股上掛牌，募得資金。

不過，在經過幾年的營運之後，創投發現生物科技公司根本就沒有獲利的趨勢，而且在經營上也沒有效率，所以紛紛對投資公司施壓。幾乎所有的生物科技公司，都在 1983 年重新調整方向，不是將發展的產品減少，就是集中在少部份領域發展，不再像過去什麼都作。

第二階段　奠基期：1984 年到 1995 年

1984 年後，業者漸漸發現製藥應該是生物科技一個值得發展的方向，再加上美國政府對相關法令的放鬆，所以公司從以前什麼都作，漸漸朝向人體醫病要用的產品發展。不過，這時卻發現有許多技術雖然開發出來，但是卻沒有辦法大量生產或加速研發的速度。

這時 PCR 技術平臺被開發出來，為業者找到一個更有效率進行生化研究的工具。它也為大家作一個示範，提供生物產業還需要許多有效率的研發平臺技術及程序，才能有效率地大量生產，也才能和化學藥廠競爭。

於是這個階段，大家都有尋找更有效率的技術及平臺，並朝醫藥產品的方向發展，分別針對人體需要的治療用藥進行開發。有些業者則採取和藥廠合作的方式，將本身的技術轉移給有產品化能力的藥廠。

這時，投資的創投公司漸漸地了解生物技術的特性，而對什麼都有的新創公司敬而遠之，不願投資。對於完全以科學家組成的經營團隊，也不願全力支持，反而較喜歡經營團隊中有在大製藥廠工作過的資深經理人。因為這些人較了解產品，也較知道如何將技術轉化成市場需要的藥。另外，他們也知道如何和藥廠打交道，將本身的技術轉化成價值。

另外，成長激素在 1990 年初的成功，也確認大家朝醫藥的方向發展是一個對的方向。擁有不同技術的業者更是朝不同的方向發展，以求自身的藥品可以早日上市。

這階段，不管是在公司經營、技術平臺或產品方面，都是在發展中，並沒有能力量產，所以我們稱之為一個奠基期。

第三階段　轉形期：1996 年到現在

到了 1995 年人類基因計劃的草案完成，代表人類對基因的了解已到有把握的程度。而之前階段，開發的平臺技術，也對基因技術的應用有很大的助益。這時所有的生物科技公司，都以基因科技為平臺開發的不同應用。

例如生物基因的比對需要很大的資料庫，所以出現生物資訊產業。整個產業轉型到基因技術上，相關的衍生應用不斷地產生。利用基因工程的治療方法，也澎渤地發展。

這時，政府對生物產業的發展就不必投入太多的資源，只要讓資本市場運作即可。很多生物科技公司都可以透過股票市場取得資金，而創投業者也學會許多評估生物科技公司的辦法。

而幾個領先的生技公司，也成長到數千或數萬人的規模，讓一般投資人較有信心，願意投資在生物科技上。再加上人類在這個領域不斷取得進展，例如複製羊的成功。1970 年未實現的理想，可望在轉形到基因平臺後，得到全面的實現，生物科技公司將會對未來人類福祉有很大的助益。

而未來將進入後基因時期，可望經由基因工具的進步，將以往需要十年才能開發成功的藥品流程縮短到一年八個月，而相關的新藥也可透過生物資訊開發，而不用經過長期的臨床過程。

展望未來，回顧過去。生物科技產業從不斷地摸探中，經由政府及資金的推動，再加上業者不斷地轉型，終於找到醫藥的應用領域。同時，因為基因技術的進步，創造更多的應用，所以這個行業發展到現在的情況。預計未來隨著技術的進步，將會有許多成長空間。

2.1　血糖檢測儀技術的演進

1980 年代以前是直接透過肉眼比色測試糖尿病。而在 1980 年初，由 Miles（今 Bayer）最先發展以手指採血為測試方式的血糖儀。於 1987 年，Lifescane（今 J＆J）推出免擦式血糖儀。在 1996 年時，Medisense（現在的 Abbott）推出電極生化感測原理的血糖檢測儀。

2.2　血糖檢測儀未來技術的發展

　　非侵入式技術是 Radiation 技術使用 NIR 近紅外線光譜法或 FIR 遠紅外線光譜法來檢測血糖濃度。（研發公司：e.g. Biocontrol, CME Telemetrix, Boston Advanced Technologies.）而低侵入式技術是從皮膚表面萃取間質液，間質液在感測器中利用酵素反應獲取血糖的讀值。（研發公司：e.g. SpectRx & Abbott, TCPI.）

第三節　產業上下游關聯與產業價值鏈之領導廠商與競爭者分析

　　圖 5-3 為血糖檢測儀的魚骨圖，是以主要零組件為主來做分析的。以台灣廠商來說生產血糖檢測儀所需之原物料有裸片、半導體、PCB、射出件、採血筆、LCD 面板、皮包等等。但是不同公司會有些微的不同來表示其差異性。

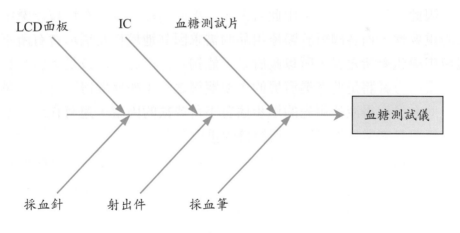

圖 5-3　血糖檢測儀的魚骨圖

　　血糖檢測儀這個產業的上游為基礎研究機構與原物料來源；而其下游為技術產品之開發應用相關廠商，包括國內外醫療器材進出口廠商、醫療器材行、醫療機構、經銷商與連所及量販店。領導廠商在基礎研究上除與學術單

位需有良好溝通管道且隨電腦網路的進步，讓研發人員可及時掌握國際上最新訊息之外，一旦開發出新技術則必須即刻申請專利以保護自有技術。而在原物料的選用上要以國內容易取得之資源來作運用。而此產業的下游發展為技術產品之開發應用，領導廠商成功地開發血糖測試儀後，需有後續的相關產品來支持這個市場，例如：尿酸測試儀、膽固醇、乳酸、三酸甘油脂等產品。而對其下游產業需要握有良好的通路。

第四節　產業領先條件與產業競爭優勢來源分析

生物技術為專業之高科技，由於醫療用品在產品認證及生產過程皆須符合國家標準要求，而各國的法令要求亦不相同，故需花費大量的時間及人力在臨床實驗及資格申請，故產業進入障礙較高；加上產品受專利權保護，新進入者由研發至量產尚需 5-10 年的時間，故缺乏可替代性產品；由於屬寡占市場，因此產業集中度高。由此看來，技術的開發與成長在生技產業中佔有極大的重要性。而各國對於醫療用品的需求因其地域性及環境會有所不同，法規與市場也有所差異，所以政府是否能夠制定優惠條款或是實施有利於此產業的策略方針將是此產業發展的重要關鍵之一；如何取得政府與企業的支持和補助在於取得產業領先的地步佔有不可或缺的因素，還有在技術上的突破與創新將是產業是否能夠永續經營的重要條件。

針對生物科技投資在醫療保健領域，有下列幾項主要競爭優勢來源：

1. 生物資訊的掌握：近代生物技術在於瞭解生物體遺傳病變機制與發現新藥標的上，提供了不同途境之問題的方法，解決過去傳統技術無法突破的困境。以新藥開發為例，新的生物技術，可以透過了解生物體組織與遺傳基因病變的途徑與機制，提供新藥開發標的。若缺乏對標的與生物體病變機制互動的瞭解，新藥開發將有如大海撈針。因此掌握生物資訊的資料庫將是產業的競爭優勢。

2. 與大廠聯盟：開發新藥及新產品遺傳病變與生物體內特殊蛋白質的供需與機制有極密切關聯。對於蛋白質的合成，傳統化學合成方法有其技術與成本限制。對於結構複雜的注射劑蛋白質新藥，生物技術無疑提供一個新的生產途徑。此外，對傳統小分子口服化學藥劑，新生物技術—基於對生物體基本遺傳與病變的瞭解，可改善化學合成藥劑的開發與應用。如此複雜的技術與問題並不是一間生技公司可解決的。因此促使國際大型藥廠與生技研發企業建立聯盟，並因此獲得財務幫助及技術轉移可形成互利關係。

血糖儀在國外市場而言，無國際競爭優勢，是為美國代工為主要經營模式；而國內市場不以內銷為主，因此大部份國內的市場皆被 J & J, Roche, Bayer 及 Abbott 所占領。目前血糖儀在國內行銷管道包括，OTC（藥房與醫療器材專賣店）、醫院診所、衛生醫療機構。以下為血糖機生技公司增進本身競爭優勢的 2 種策略：

A. 行銷策略

- 胰島素製造商與血糖檢測儀製造商採取行銷策略聯盟。（e.g. J & J 與 Novo Nordisk 合作，Roche 與 Lilly 合作）
- 買試片送血糖機。

B. 技術合作策略

- 非侵入式血糖檢測儀：Abbott 與加拿大 CME Telemetrix 共同合作研發。
- 低侵入式血糖檢測儀：Abbott 與美國 SpectRx 合作研發。

第五節　產業關鍵成功要素分析

生物技術產業發展，其產業關鍵成功要素主要分成四個方面：教育訓練、研究發展、基礎建設及充裕的資金來源等。其實在國內目前所缺乏的是專業的人才與資金的投入，因此企業應該積極尋求這四個方面的產業成功要素。

在教育訓練方面，除了積極培育生物科技研究發展相關課程外，企業應該擬定方案積極培育相關人才。另基於跨領域人才對於生物技術研發成果商

業化的重要，企業需積極募集具有生物科技背景之法規、智慧財產權、技術移轉、投資評估等方面跨領域專業人才，希望藉此提供產業整合及產業升級之基礎。

在研究發展方面，企業應該與目前的研究機構合作。在政府方面目前所投入於生命科學基礎研究之經費以及關於生物技術應用研究的經費每年成長率持續增加。此外，1999 年新成立了工業技術研究院生醫工程中心，目前方向也主要放在推動技術應用及移轉，協助產業界發展。1999 年 8 月政府已通過以天然與化學合成藥物、抗病毒藥物與複製機制、癌症藥物與診斷分子標的、生化藥物（或稱生物製劑）及生醫晶片等，作為發展重點之「製藥與生物技術國家型計畫」，搭配已有的「農業生物技術國家型計畫」、「基因醫藥衛生尖端研究計畫」及未來的「中草藥產業技術發展計畫」，以期達到將國內相關生物技術研究資源的整合，積極提昇國內基礎研究與技術應用的水準。其實政府目前也正努力的朝推動生技產業而努力，期盼不只是紙上談兵而已，能夠真正的落實在我們所定的目標。在企業面來說，可以專注於政府所重視的發展目標上，與工研院或相關研究單位合作把技術提昇或是推動整個計劃的實行。

在基礎建設方面，企業可設相關單位為處理新藥上市查驗登記及國內臨床試驗報告申請審核方面的資料處理，加速審查之速度與品質。其實在台灣已有修定生物技術醫藥開發法令規範的機構，例如，衛生署、原子能委員會已公告完成癌症、心血管、內分泌及新陳代謝、感染症、核醫放射性等藥品臨床試驗及審查基準、醫療器材分類等級計七項實施要項，以致力於改善國內生物醫藥品開發之法規管理環境。企業有很多資源來做一這方面的整合。其實除了政府致力於基礎建設的實行外，企業如果可以提供自己本身所需的資訊給政府，然後建立一個資料庫，對於生技產業的成長將是一大助力。

在尋求投資工作方面，企業可配合政府所提供的資源。目前政府所進行的內容包括以行政院開發基金直接投資生物科技公司及間接投資以生物科技產業為主的創業投資事業，並且希望藉由投資活動自國外引進生物科技尖端技術，移轉至國內以加速進行應用開發。除了民間投資外，政府亦鼓勵包括

中油、台糖等公營事業投入或投資生物科技產業。目前經濟部正規劃籌組「生物科技產業投資聯誼會」，成員包括政府機關（行政院開發基金）、工業銀行（交通銀行、中華開發工業銀行、台灣工業銀行等）、國營事業、創業投資公司及其他公民營企業等，集資新台幣 1500 億元，分五年投入生技產業。在生技產業的研發過至產品完成到推出，所需的經費非常高，因此充足的資金來源將是此產業是否能夠生存下去的一大重要因素[2]。所以，除此之外，企業也可借助創投公司的力量來匯集資金，或是幾間生技公司聯盟達成所定之目標。

第六節　產業成本分析與競爭者分析

下表是以五鼎生技公司本身對血糖測試儀的成本結構資料作分析：

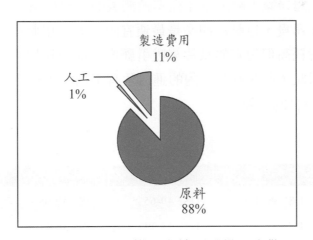

圖 5-4　成本結構─血糖測試儀及套件

血糖測試儀的成本結構分為三大類：人工、製造費用與原料。而大部分的成本是開銷在原料上。因此此產業的競爭者在進入這個市場時，可先由尋找低成本的原料開始著手。

下表是血糖測試儀及套件與血糖測試片的原料成本結構：

2　資料來源：「我國政府推動生物科技產業的的努力」，工研院 IEK 中心。

表 5-8　原料成本結構

血糖測試儀及套件		血糖測試片	
主要零組件名稱	佔總成本的比率	主要零組件名稱	佔總成本的比率
IC	45%	裸片	40% - 50%
LCD 面板	5%		
採血筆	8%		
射出件	2%		
皮包	8%		
採血針	1%		

　　而下表是外國幾家大廠所生產血糖檢測儀的市場價格，以 J&J 這家廠商所產的儀器最為昂貴，但試片卻又是最便宜的一家。依此可看出此公司的行銷策略，是以消耗高但便宜的試片來吸引顧客，而所採用的儀器技術是較為穩定且準確。因此，此廠商在國內的進口佔有率為一半以上（參考表 5-9）。J & J 可為一個優良的示範。

表 5-9　市場價格

廠商	J & J	Roche	Bayer	Abbott
血糖檢測儀	US$ 90-120	US$ 40-65	US$ 40-65	US$ 65-75
試片（50 片裝）	US$ 32	US$ 34.99	US$ 36.99	US$ 39.99

第七節　結語

　　血糖儀在於台灣的生技產業中來說仍是一個新興的產品，所以投入於血糖儀生產的公司並不多；但是以這個例子可以做出目前台灣生技產業所欠缺部份的依據，並積極的推動這個產業的發展。其實醫療器材在生技產業中佔

有一席之地，台灣應該以區域性為主，找出屬於適用於台灣本土的做法與適當的產品。

　　在台灣，已經有許多單位在為生技產業做努力，例如：經濟部完成修訂「審核科技事業申請產品開發成功且具市場性意見書處理要點」，放寬生物科技產業上市及上櫃的條件，廢止「專利權及專門技術作為股本投資辦法」，取消以技術作價作為股本投資之上限，鼓勵業者運用「主導性新產品開發計畫」給予較長期計畫開發補助。此外，政府為提供生物科技產業發展，希望以目前新竹科學工業園區成功之經驗，規劃並設置生物科技產業相關共用設施，吸引生物科技公司進駐，開發成立竹南「生物技術研究園區」。其中，財團法人國家衛生研究院、財團法人養豬科學研究所等已規劃入區，未來將結合工研院生物醫學工程中心及臨近之清華大學、交通大學之生物科技系、所、學院與大型醫學中心，如台大醫學院竹北校區、台北醫學院竹南校區、馬偕新竹分院以及孕釀中的其他醫學中心等，形成聚落共同開創生技產業。既然生物科技為二十一世紀的明星產業，台灣應該朝著這個趨勢開發出台灣所需的特有生物科技技術與產品，而不是一味的跟著國外大廠開發出台灣所不適用的產品。

問題與討論

1. 生物科技產業的產業定義、範圍、市場區隔為何？
2. 台灣目前常用的血糖機與試片為哪些？
3. 生物科技的未來發展趨勢為何？
4. 血糖儀的價值鏈為何？
5. 生物科技投資在醫療保健領域，有哪些主要競爭優勢來源？

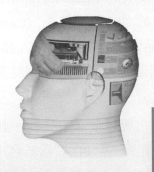

6

IA 資訊家電產業
一以 PDA 爲例

第一節　產業定義、範圍、市場區隔

IA 產品為資訊家電(Information Application)之簡稱，可說是後 PC 時代的明星產業，近年來，由於網路普及與 3C (Computing、Communication、Consumer)快速整合促使 IA 產品快速成長，使得 IA 產業成為成熟的 PC 產業外另一春。IA 產品大致分為：精簡型電腦、網際網路螢幕電話、網路電視、智慧型掌上裝置與電視遊戲器。

PDA 屬 IA 產品之智慧型掌上裝置，其產品可攜性高，不以運算能力為主，概括性的產品規範為：「"PDA"為結合 3C 應用功能的智慧型個人隨身資訊處理器，其強調"易攜性、智慧型筆式使用介面，及具通訊功能"的產品述求，主要係定位在供行動性高的專業人仕或個人，可隨時、隨地方便的獲取及處理個人所需資訊。」IDC 對智慧型掌上裝置產品 PDA 的定義為：「無鍵盤外表，主要處理個人資訊的管理、簡易的文字編輯功能，產品規格為筆式輸入，重量小於 1 磅，採用開放或封閉式的作業系統的產品，即稱之。」

然而，在現實的世界中，各種可攜式掌上型裝置的功能逐漸多元化，PDA的產品功能也從單純的記事管理，進一步延伸至通訊、收發 email、上網等無限通訊領域，單從外觀、重量並不太容易去界定何者為 PDA，因此在實際認定上，只要此裝置提供的功能符合個人數位助理的用途，便可以稱作 PDA。

PDA(Personal Digital Assistant)原指具備個人行程、約會、名片等個人資訊管理功能的 organizer（日文稱為電子手帳），直到 1993 年 8 月蘋果電腦推出「Newton Message PAD」後，所謂的 PDA 名稱才在資訊界漸漸流行起來。雖然後來蘋果電腦因故停止開發 Newton，但在其他後輩前仆後繼、以及市場環境的相互配合下，PDA 市場才漸成熟，吸引諸多業者加入競逐。

現階段 PDA 應用不如筆記型電腦普及，因此各家顧問公司對其產品定義分歧，而本專題對 PDA 則採較廣泛的定義：外觀長相近似 PalmPilot，無鍵盤設計，輸入方式以手寫書入為主，並具通訊（無線或有線方式）、儲存、處理等功能。若照此定義推論，微軟所發表視窗 CE 所支援的其中一種 form factor－Palmsize PC，雖與 PalmPilot 採用不同的作業系統，但也被本專題納

入 PDA 的討論範疇內。

　　一般而言，PDA 的應用市場大概分為兩方面：一為水平(horizontal)大眾市場的應用，例如專為一般使用者所熟悉的作為個人資訊管理工具（personal information management；簡稱 PIM），替人管理約會行程、名片管理、資料記錄、甚至在通訊功能增加之後，更能透過 PDA 瀏覽電子郵件等。另一為垂直(vertical)市場應用，例如運輸或零售業，利用無線電通訊技術與某個專屬頻道，終端設備則採用 PDA，可以讓零售業的庫存管理人員，在佔地廣大的倉庫中，將產品庫存數字準確無誤地傳到頭端的資料庫中，或者從頭端的資料庫直接擷取資料，在終端的 PDA 螢幕中瀏覽，目前在垂直市場應用到 PDA 裝置的行業包含：銀行、工程、醫療、運輸、保險、製造及零售等。

1.1　後 PC 時代 IA 產品中 PDA 的崛起

　　網際網路在 90 年代開始在全球各地刮起風潮，讓資訊家電 IA(Information Appliance)成為舊世紀跨入新世紀的熱門產品。而 IA 產品中，個人數位助理器 PDA(Personal Digital Assistant)則是 IA 概念產品中較成熟的典範。在全球個人電腦與通訊市場成長趨緩之際，手持式裝置產業卻逆勢成長，且因為零組件缺貨問題逐步紓解，預料全球 PDA 市場在 2001 年下半年之後，將呈現爆發性的成長，其中台灣軟硬體廠商將扮演相當重要的角色。

表 6-1　全球 IA 產品市場規模預估

產品項目	2000 年	2004 年
PDA	9,390K	33,710K
Smart-Phone	480K	23,000K
Set-Top-Box	N/A	77,000K
Thin Client	678K	6,924K

資料來源:電子時報 01/2001

1.2 國際三大 PDA 品牌產品探微

1.2.1 Palm 產品線齊全

在 PDA 的世界中，Palm 雖然不是創始鼻祖，但從 96 年初發展至今，幾乎已經成為 PDA 的代名詞，不論從市場佔有率、產品線數、支援的軟體廠商等，Palm 都已在開放式 PDA（可與 PC、Mac 相容）奠定難以撼動的地位。但在同樣採用 Palm OS 的 Hamdspring（由 Palm 原班人馬另外成立，以具流行性的產品設計、功能佳但價格低的策略進攻市場）、TRGPro 與企圖在 PDA 市場打下如 PC 般獨佔江山的微軟(Microsoft)競逐下，也逐漸調整產品線，增加低價與彩色機種，尤其在網路時代，無線傳輸功能也在 Palm 的新機種中出現。

在這 3 大陣營中，Palm 顯然是產品線較齊全的，從低價品到高價品都有，並且是 3 個品牌中最輕薄短小的，不過只有較新推出的產品才有鋰電池，當然 Palm 最著名的特色就是以紅外線傳輸交換名片的功能了，但在硬體擴充性就不如其他二者。為了拓展市場影響力，同時兼顧既有地位，Palm 選擇授權的對象，均是以能否為 Palm OS 開創出另一個其本身所未能及之處，包括 Kyocera、Qualcomm、SONY、Nokia、Symbol、Samsung、HandEra（TRGpro 更名）等，均各有專精；Kyocera、Qualcomm、Nokia 與 Samsung 主攻通訊、SONY 有影音家電優勢、Symbol 能提供垂直市場完整解決方案、HandEra 在產品開發上有獨到之處。

另外，Palm 也逐步調整作業系統與硬體平台的架構與效能，包括對無線通訊、USB 介面、藍芽技術、多媒體效果與較高運算能力的支援等。相較 Pocket PC 因運算效能較佳、能與 PC 資源互通，以零售市場為主力的 Palm 也從 2000 年開始，較積極佈局企業市場的應用，購併、策略聯盟同步進行。Palm 未來面對的挑戰不只是目前庫存過多、獲利衰退而已，是要採用過去軟硬體兼顧的策略？抑或經營好 Palm Economy，提供標準平台的中立角色（因競爭平台的實力與數量，已非 97、98 年可比擬）？

1.2.2　Handspring Visor 低價競逐

　　至於 Handspring，可說是 Palm 對自有硬體產品過於自信，讓這個由 Palm 前創辦人 Jeff Hawkins 與 Donna Dubinsky 合組，在 PDA 產品開發與行銷創意上有過人之處的公司，從 99 年初推出 Visor 系列 PDA 後，即讓 Palm 在美國零售市場 90％以上的市佔率，掉到 2001 年 2 月份的 59％（且 2～4 月銷量一路下滑，4 月份銷售量更較 1 月下滑 20％），而 Handspring 則推升至 28％。

　　後起之秀 Handspring 也是 Palm OS 家族中的一員，因此，不論產品應用概念與硬體規格，Handspring 的 Visor 與 Palm 實在沒有太多差別，只是 Handspring 如同 iMac 般的透明彩色外殼，在一堆灰黑色的 PDA 中顯得特別搶眼，另外，Handspring 的擴充槽設計也較特別，Handspring 將數據機、Flash memory、資料備份、甚至老虎伍茲的高爾夫球遊戲設計成插卡式的裝置，使用者只要把卡匣插近擴充槽(Springboard)馬上即可使用。

　　當然，Handspring 市場力量之所以能夠持續攀升，除了其本身的產品特性與行銷專長有關外，Palm OS 過去幾年累積的龐大軟硬體開發商資源，亦貢獻良多，而合計 2 月 Palm 與 Handspring 在美國零售市場的佔有率，仍超過 80％，端見消費者對 Palm OS 的偏好仍相對較高。只是，未來由於品牌與產品發展將越來越多元化、各有特色，資訊有限的獨立開發商，必須選擇性地搭配品牌推出產品，市佔率快速下滑的 Palm，還能否吸引多數業者的支援還有待考驗。

1.2.3　WinCE Pocket PC 強調多媒體功能

　　另一個來勢洶洶的 PDA 品牌，即主推 Microsoft Pocket PC 的 iPAQ、Casio 與 HP。雖然 2000 年 5 月之前，採用 WinCE 的 PDA，幾乎被判退出 PDA 競局，但從 2000 年底以來，Pocket PC 持續攀升的零售市場佔有率，卻成為 Palm 另一個不可忽略的對手，這也促使 Palm 必須加快作業系統與新產品開發。

　　在微軟陣營方面，從 97 年以 WinCE 進軍 PDA 市場以來，強調彩色、多媒體功能的訴求，在耗電量大（平均約僅 8 小時）、產品體積過大，以及關機速度太慢等問題，遲遲未能打敗功能單純，而以支援軟體多、電池存續時間達數週、開關機快速見長的 Palm，業界人士多對微軟在 PDA 市場的後勢不

表樂觀。

　　但即使如此，微軟似乎仍未改變以 WinCE 作業系統攻略 PDA 市場企圖，雖然簡化了作業系統，且提供授權製造商在外觀上更大的設計空間，但仍不放棄多媒體功能的豐富化，甫推出的 PocketPC 除了內建的麥克風與喇叭以外，還有可以聽 MP3，以及讀電子書（與 Barnes & Noble 合作），Audio 環境設計也較 Palm 佳，不過，消費者得接受 Pocket PC 較大的體積、耗電量兇與較高貴的價格。

表 6-2　全球 PDA 品牌佔有率概況

全球市場			
品牌	1998 年	1999 年	2000 年
Palm	84.9%	72.3%	69.5%
Casio	7%	10.4%	-
HP	4.1%	5.1%	-
Sharp	2.8%	5.4%	-
Compaq	-	0.8%	1.7%
美國零售市場			
品牌	2000 / 12	2001 / 01	2001 / 02
Palm	65%	60.5%	59%
Handspring	27%	26%	28%
HP	2%	3.5%	4%
Compaq	2%	4%	3%
Casio	1.5%	2%	2%

全球資料取自 IDC，美國資料取自 PC Data，電子時報整理。

　　據了解，2000 年 Compaq 共賣出 40 萬台左右的 iPAQ，Compaq 並聲稱在零組件缺貨下，還有 500 萬台預約訂單尚未消化，不過，這 500 萬台應有不少來自重複預購者，此數字還需要打個折扣。對於 2001 年，在市場反應熱烈與商用市場的應用不斷開發之下，Compaq 已表示 iPAQ 新舊機種的銷售量可

達 230 萬台以上，佔有全球 PDA 至少 10%的市場，並在 Pocket PC 中，佔有 5 成以上的比重。不過，雖然 Compaq 對 iPAQ 信心十足，且產品設計有獨特的優勢，但以其高價與高性能定位，以及還有來自 HP、Casio 等同屬 Pocket PC 品牌的競爭下，能否在這麼短的時間內擷取市場的高度回饋，還需要時間的驗證。

1.3 台灣 PDA 廠商的近況

以台灣而言，由於 PDA 的技術層次並不高，投資障礙也不大，不論是電腦廠商，還是零組件業者，抑或來自家電領域者，都將 PDA 視為 IA 爭霸戰的第一場戰役，有的從代工切入，有的則走自有品牌路線，也有兩者兼具者。

不過，目前台灣眾多 PDA 廠商中，經營已見成果的約僅 10 家左右，其中，宏達、神寶、倚天、神乎科技的主要經營項目即為 PDA（倚天與神乎科技為股票專用機），其他包括公信、國眾、震旦行、國眾與博達，PDA 佔總營收比重還相當低。另外，廣達、宏碁、華碩與英業達等台灣筆記型電腦廠商，也宣稱在今年下半年或第三季就會有新品推出，且都是附有無線通訊功能的機種。

如果以台灣 PDA 廠商的經營模式，純粹是想佔有 OEM／ODM 位置的，耕耘時間已 3 年的宏達成果最豐碩，雖以過去 3 年發展不如預期的 WinCE 為主要作業系統，但以今年的出貨量來看，宏達將是台灣最大的 PDA 業者。去年才研發完成第一款 PDA，今年 3 月即開始出貨的博達，也有相當出色的成績，據了解該公司已接獲大陸家電大廠，但對 IA 市場企圖雄厚的 TCL 大訂單，1 年半內將出 20 萬台 PDA，雖然產品單價不高，卻奠定一定的產業地位。

但是，在 PDA 快速成長時，代工廠勢必得面臨更加激烈的價格競爭，加上半導體技術日漸成熟，SOC(system on a chip)漸落實至 PDA 後，如果只是單純的代工廠，為品牌廠商帶來的價值不大，屆時，代工業者的產品設計能力、新產品的推出時間、系統的穩定度更顯重要，也是現階段專業代工 PDA 的廠商，在爭取大廠訂單之餘，最需要培植之處。

　　與專業代工廠站在另一個極端的品牌廠商，算是台灣 PDA 產業的異數，其中一方面台灣資訊電子業者在全球的競局中，一向習於代工製造的角色，對品牌行銷並不擅長，另外，品牌經營不易，往往耕耘數年後才能得到肯定，甚至還可能中途腰斬。因此，在 PDA 的世界中，有意經營品牌的台灣廠商，多是在台灣的資訊市場已打下一定品牌知名度的業者，例如國眾、宏碁、神寶等，但除了目前還未正式推出產品的宏碁外，國眾與神寶走的是 WinCE 開放系統路線，本身並未有太多的加值服務。

表 6-3　台灣 PDA 廠商經營模式探討

經營模式	代表廠商	概　　況	未來發展探討
OEM / ODM	宏達國際、博達科技	以 PDA 硬體產品的設計與生產為主，但均有計劃朝 IA 產品發展。	1.在產品成熟與 SOC 技術成熟後，須面臨毛利過低的問題。 2.設計能力、新產品推出時間與品質的穩定性為代工廠商競爭力的重要來源。
代工與自有品牌兼具	神寶科技	自有品牌以大中華區與東南亞為主要市場，代工部份則採單純接單生產。	代工問題同上
代工與自有品牌兼具	宏碁、公信	自有品牌以大中華區，預計下半年推出，代工部份除接受大廠訂單外，偏向特定用途 PDA。	1.與網路公司合作的代工，可累積 PDA 廠商掌握 IA 時代整合服務資源的 Know-How。 2.特定用途 PDA 接單強調彈性，且單價偏低，成本控制很重要。
自有品牌	國眾、震旦行	以大中華區與東南亞為主要市場，目前主力為消費市場。	1.品牌形象與提供的應用服務為用戶支持的關鍵。 2.企業市場商機大。
自有品牌	倚天、神乎科技	除以自有品牌推出產品外，亦以特定用途 PDA 切入，並提供整合性的服務。	1.為華人市場領先的經營模式，累積資源整合能力，有助擴展大陸市場。 2.未來將整合更多服務與推動雙向通訊，參與電子商務，創造硬體以外收入。

資料來源：電子時報

另外也有業者以創新的經營模式贏得市場的肯定，倚天與神乎科技就是其中的翹楚，這些業者未來競爭的最寶貴資源，就是其不僅僅賣硬體，而是以資源整合者角色出擊，提供特定用途市場更多加值服務。傳訊王與神乎奇機就是倚天與神乎科技針對台灣股票族設計的金融專用 PDA，在新經營模式實施之初，除了通訊與部份網路內容外，其他從股票機的硬體設計、生產、品牌、行銷到資訊整合等價值活動都一手包。

打算兼具品牌與代工的台灣 PDA 廠商也不在少數，但除了接大廠訂單生產外，也有諸如宏碁與公信打算乘著網路列車，與網路服務或內容提供者合作，藉由成功的新事業模式，吸引網路業者的認同，進而獲取代工訂單。

在後 PC 時代，台灣 PDA 廠商雖然並未以 PC 時代的代工角色自限，但不論是開闢新事業模式或規劃自有品牌時，台灣廠商選擇避開與 Palm 或微軟競逐開放式品牌 PDA 市場，過程確實辛苦，但卻為台灣廠商開創一條從代工生產角色，跨進品牌與服務經營的典範。

第二節　產業現況與未來發展趨勢

PDA 市場究竟有多大，各調查機構的數據差異甚大，多數將手持式電腦（類似 PDA 但有鍵盤，主要品牌為 Psion、HP、NEC）、Smartphone 納入計算，並以智慧型手持式裝置(Smart Handheld Device：SHD)統稱。

以 Dataquest 的資料顯示，2000 年全球 PDA 市場真是熱到最高點，規模雖遠較手機與 PC 小，僅 939.35 萬台，但成長率卻是驚人，近 85％，是眾資訊產品中，最不受 2000 年下半景氣不振影響的。而從 2000 年到 2004 年的年複合成長率，也近 4 成，預估到 2004 年整個 PDA 市場規模可達 3,370.92 萬台，而 2001 與 2002 年的年成長率，也都在 4 成以上。

美國市場是 PDA 發源之地，因資訊化程度高，PDA 的消費行為與發展方向，具有全球性的指標意義，也因此，包括 Palm、Handspring、iPAQ 等，多沿襲美國的銷售模式，從零售市場開始，目標市場並鎖定商務人士與玩家。至於歐洲，雖然 Psion 等推出的手持式電腦受到 PDA 的競爭，已經逐漸敗退，

但 Nokia、Ericsson 等對未來手機結合 PDA 與數據傳輸等應用的規劃，卻是 PDA 在歐洲發展最不可忽略之處，尤其這些手機大廠力拱的作業系統－Symbian，應用範圍也不僅只是 Smartphone，Nokia 日前更聲稱 2004 年其硬體產品將有半數會採用 EPOC 作業系統。

2000 年 PDA 市場規模近 100 萬台的日本，92、93 年 Sharp 的 Zaurus PDA 即已問市，發展歷程與美國相當，不過，因為作業系統各品牌均不同，成長略受限制。但隨著 99 年 2 月，IBM 引進採用 Palm OS 的 WorkPad 後，市場逐漸產生變化，2000 年 Palm、Compaq、Handspring 等陸續進入後，不僅對當地 PDA 品牌排名有些影響，也促進日本 PDA 市場的成長。Dataquest 預估到 2004 年，日本 PDA 市場規模將近 4,000 萬台。亞太市場則以大陸、香港、新加坡、台灣與南韓為主，但大陸偏向低價機種，且由當地品牌與作業系統主導。

表 6-4　全球 PDA 市場預測

單位：千台/百萬美元

地區	項目	2000	2001	2002	2003	2004
北美	數量	5,550.4	8,230.2	11,549.0	15,654.4	19,301.1
	金額	1,617.4	2,158.8	2,757.9	3,637.8	4,227.0
歐洲	數量	1,760.1	2,513.0	3,463.5	4,790.6	6,626.1
	金額	594.2	781.5	985.9	1,274.5	1,645.6
亞太	數量	961.3	1,454.1	2,135.1	2,979.3	3,626.0
	金額	324.6	452.2	607.7	792.6	979.4
日本	數量	992.0	1,365.0	2,014.0	2,709.0	3,943.6
	金額	325.1	398.3	523.4	685.4	866.7
其他	數量	129.7	149.9	176.3	198.9	212.4
	金額	44.2	44.4	45.2	46.2	46.5
合計	數量	9,393.5	13,712.2	19,337.9	26,332.2	33,709.2
	金額	2,905.5	3,835.2	4,920.1	6,436.5	7,765.2

資料來源：Dataquest，2000 / 11

90 年代初期，PDA 僅提供簡單的約會時程、名片登錄等個人資料管理功能，到了 93 年蘋果電腦所研發的 Newton 現身，則在手寫辨識及通訊功能上有所突破，而 96 年又增加網路連結功能。然而，受到蘋果營運走下坡的影響，Newton 未竟全功即已停產，取而代之的主流產品就是 PalmPilot。

在 97 年時，微軟加入 PDA 戰局，PalmPilot 在面對微軟積極搶佔市場的壓力下，在 98 年仍以近 8 成的市佔率勇奪 PDA 市場龍頭的寶座，而微軟雖然有 PC 大廠康柏、惠普及消費性電子大廠卡西歐等背書，但在 PDA 市場仍有屢攻不下之憾。而正當微軟與 Palm 在 PDA 市場拉鋸之際，PalmPilot 授權廠商之一的 Handspring 在 99 年推出新產品 Visor，以 Springboard 的創新設計一鳴驚人，成為 PDA 市場最耀眼的新星。同時，微軟也於 2000 年初推出 PocketPC，強調多媒體的概念，企圖在 PDA 市場扳回一城。

雖然 PDA 基本上為一手可掌握與不具實體鍵盤的 IA 產品，但隨著市場熱度的提升與投入廠商的多元化，PDA 的外型在 99 年底開始，呈現比較豐富的變化，朝流行化、年輕化與個人化發展。包括外殼彩色、輕薄走向、彩色顯示、流線外觀等，在這些特色發展上，Palm 只在輕薄表現較出色。

首先是外殼色彩，Handspring 的五彩 Visor 讓多推出黑色系的 Palm 家族產品相對遜色，有人說這是承襲 Apple 的 iMac 理念，但彩色外殼延燒至當時尚屬商用人士使用的 PDA，倒也是少見，而這樣的發展，也引起 Palm 跟進，iPAQ 也可換殼。

走向輕薄也是重點特色之一，99 年 2 月問市的 Palm□，雖然還是目前同等級以上 PDA 最輕薄的機種，但在厚度上，Handspring 在日前也推出厚度約 1 公分的 Visor Edge，Compaq 與 HP 推出的 Pocket PC，也都已將厚度壓至 2 公分以內，不僅是眾 Pocket PC 產品的翹楚，也比 Palm 的彩色機種 Palm□c 薄。而以攜帶的便利性而言，輕薄是業者致力發展的方向，只是未來 PDA 更強調多媒體特色與彩色顯示效果的情況下，如何平衡其中的衝突，對 PDA 廠商與上游零組件業者來說，都是個考驗。

彩色顯示在 iPAQ 成功攫取消費者認同之前，多被認為是多餘的，尤其彩色螢幕對 PDA 成本、體積、重量與耗電量的增加，都不符合當時市場對

PDA 的期待，尤其市場盟主 Palm 在 2000 年 2 月推出的彩色機種也未能引起買氣，更加深 PDA 不需要彩色顯示的印象。

不過，在上網與接收電子郵件的應用成為消費者採購資訊產品的基本要求，以及 iPAQ 熱賣後，除了讓同屬彩色顯示陣營的其他 Pocket PC 廠商更加堅定彩色機種有市場外，也促使 Handspring 與 Palm 更加留意彩色顯示 PDA 的可行性，Handspring 在 2000 年 10 月即推出可顯示 6.5 萬色的 Visor Prism。

探究彩色顯示機種之所以受到市場關注的原因，與其可展現的多媒體效果與應用的多元性有關。未來 PDA 將不只是提供 PIM 功能的絕佳工具，也會是個人隨身攜帶可欣賞多媒體影音軟體的重要載具，且因為其彩色的顯示效果，對日理萬機的商用人士來說，還可增添管理的方便性。不過，雖然有這麼多好處，但高耗電量與居高不下的價格，卻是一大限制。

另外，2000 年的 PDA 更強調機器外觀的圓滑設計，iPAQ 即在圓滑外觀上有些突破，不再那麼硬邦邦，更能吸引年輕族群的關注，也增加產品本身的價值感。包括 Handspring 的 Visor Edge 與 Compaq 的 iPAQ，都是其中的佳作，而這也是 Palm 需要改進之處。

承襲前述 2000 年 PDA 已經逐漸跳脫單純的 PIM 工具，在多媒體方面能有更多的發揮，不過，多媒體功能還須仰賴 PDA 的擴充性與連網能力來極致化。

透過擴充槽的設計，PDA 就不只是 PDA，藉由其較大的顯示螢幕，它可以是一台 GPS，也可以是數位相機與攝錄影機，當然，彩色顯示會讓這些應用更有揮灑空間。而在 Pocket PC 借重 CF、Handspring 推 Springboard、SONY 力拱 Memory Stick 之下，一向強調 PDA 就應該只是 PDA 的 Palm，也在 2001 年初宣佈未來將採用 SD 卡（又再新增 MMC），來擴展 PDA 的應用，新上市的 m500 與 505 已可看到。

從各陣營對擴充槽規格的態度，也可看出各廠商對市場開發有不同的觀點。以 Pocket PC 而言，即保持 Microsoft 一貫的理念，以能夠充分運用現有 PC 相關資源為核心，不僅能取 CF 較廣的應用優勢，與其他擴充規格相較，也

具有成本利基；Handspring 的 Springboard 則顯得較寂寞，因為到目前為止，Springboard 模組只能用在其 PDA 上，儘管已開發的 Springboard 模組功能最多樣，也具有隨插隨用的便利性，但價格卻不便宜，是 Springboard 最大的限制。

SONY 的 Memory Stick 雖然也與 Springboard 相同，都只能與自身品牌產品搭配使用，但在 PDA 外，SONY 還有數位相機、筆記型電腦、攝錄影機等資訊與 AV 產品應用平台，讓 Memory Stick 有更大的舞台，Palm 授權 SONY 採用 Palm OS 的 Clie PDA，最主要的考量也應建基於此。

Palm 走向 SD 陣營，想法應與其藉由大量軟硬體開發商的邏輯相近，尤其包含 Toshiba、Panasonic、Sharp、Casio 與 JVC 等，均已陸續推出支援 SD 卡的數位音樂隨身聽、PDA 以及行動電話等產品，Panasonic 更將應用產品擴展至 PC、彩色傳真機、汽車音響與印相機等，此亦顯示 Palm 也肯定擴充性對 PDA 未來發展的重要性。而同時支援 SD 與 CF 的 Sharp，最新款的 MI-E1 更同時接受這兩種規格。

至於連網功能，目前多數 PDA 都能透過外接數據機或藉由電腦上網，不過，這都還是屬於有線的部分，並不能充分發揮 PDA 可攜式的特性，而隨著無線通訊技術的成熟，2001 年下半，在各國的 GPRS 服務逐漸推出下，整合 wireless 功能的 PDA 機種將成各品牌廠商的新產品重點，包括 Pocket PC、RIM 等，都會有相關產品問市，Palm 也在 4.0 版的作業系統內，強化無線通訊功能。此情形與 99 年還只有 Palm□可無線上網相較，無線 PDA 已越受注目。

而 Handspring 則透過 Springboard 擴充模組 VisorPhone 的設計，讓 Visor 既可充當行動電話又可讓 PDA 連網；Sharp 的 MI-E1 也因讓使用者可以無線上網與接收電子郵件。

對無線通訊企圖旺盛的南韓業者，其 PDA 廠商在整合無線通訊的動作也相當快速與積極，99 年 JTel 即已開發出可與手機連線的 PDA，2001 年為與國際大廠進行差異化，南韓許多新興的 PDA 廠商分推出內建 CDMA 晶片或具備 GPS 功能的產品，且外銷的 PDA 有不少是出給電信或 ISP 業者。

表 6-5　2000 ～ 2001 年 PDA 產品發展特色

特　色		說　明
作業系統多元		封閉式系統、Palm、WinCE3.0 之外，Linux 的應用也逐漸起來。
價　格		50~600 美元機種兼具，150~350 美元機種為主流，150 美元多採用封閉式系統，主打價格敏感的消費市場，高價機種在商用市場具發展潛力。
外型	輕薄走向	厚度不到 1 公分、重量不到 140 公克的機種，除 Palm VX 外，2001 年還新增 Visor Edge、m500 與 m505，另 iPAQ 的重量已可做到 163.5 公克，Pocket PC 的厚度則都在 2 公分以內。
	彩色顯示	Pocket PC 與 Palm III C 外，2000 年底以來新增的彩色機種還有 Visor Prism 與 m505、Sharp 的 MI-E1。
	彩色外殼	Handspring 於 99 年推出五彩外殼供消費者選擇，促使貫走黑白色系的 Palm 也推多種外殼提供消費者選購，之後，Visor Edge、Clie、MI-E1 都走彩色外殼。
	圓滑外觀	IPAQ 造型廣受好評。
功能	多媒體	可觀看影片、照片、上網、聽 MP3、有錄音效果等。
	連網功能	可透過 PC、手機上網，2001 下半整合無線通訊功能機種增多。
	擴充性	各品牌有各自主推儲存媒體規格，包括 CF、SD、Memmory Stick、Springboard 等，而擴充模組的應用也從擴大記憶體增至 GPS、數位相機等。

資料來源：電子時報整理，2001/4

第三節　產業上下游關聯與產業價值鏈之領導廠商與競爭者分析

圖 6-1 可發現晶片組、電池、記憶體、作業系統、螢幕、ISP、ICP 與應用軟體為構成 PDA 的重要元素。而以晶片組來說又可細分為 CPU、Flash 與 Rom。而作業系統因各家廠商所使用的的平台不一樣，因此又有好幾種版本。不過由此魚骨圖看來 PDA 與手機、個人電腦的原件有許多相似之處，但是在應用層面有所不同。所以手機的經營模式與行銷策略可作為 PDA 的參考。但以目前狀況來說，各家廠商所出的 PDA 各有千秋，而未來將會有一場龍爭虎鬥的局面。

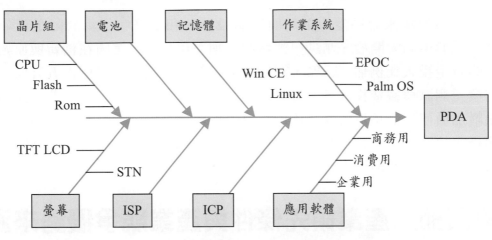

圖 6-1　PDA 的產業魚骨圖

PDA 的應用

```
                 ┌─── 企業主機連結 ──┐
        企業應用 ─┼─── 國外資料庫連結 ─┤
                 └─── 國內資料庫連結 ─┤
                                      │
                 ┌─── 配售／批發 ─────┤
PDA ──  銷售網路 ─┼─── 零售商 ────────┼── 即時資料擷取
                 └─── 上游廠商 ───────┤    遠端伺服器存取
                                      │
                 ┌─── 個人資訊管理 ───┤
                 ├─── 網路資料擷取 ───┤
   個　　人 ──────┼─── 電子郵件／傳真 ─┤
   資訊應用       ├─── 娛樂／多媒體 ───┤
                 └─── 醫療／保險 ─────┘
```

圖 6-2　PDA 的應用

就價值鏈來說兩端的創新與原始設計，和服務與行銷的附加價值較高。至於中間的開發、測試與製造的附加價值較低。美國在創新與原始設計的資金投入比例佔一○％，在服務與行銷的資金投入比例占五五％，在開發、測試與製造投入有三五％。相較之下，詹文男指出，台灣投入前兩項附加價值較高項目的資金比例只有一％與一九％，卻把八○％的資金比例投入於附加價值較低的開發、測試與製造，是造成台灣科技產品附加價值偏低的主要原因。

第四節　產業領先條件與產業競爭優勢來源分析

以 PDA 而言，產業的領先條件與競爭優勢來自於企業本身。企業是否對此市場的了解以及技術的開發演進在此商品的戰爭中佔有不可或缺的重要性。

一般來說，此產業的進入障礙可分成規模經濟、產品差異化、資金需求、轉換成本、配銷通路、政府政策或是像地點、學習、經驗曲線、獲取原料優惠等等。以 PDA 產業為例，目前正屬於成長中的產業，2001 年的全球出貨量估計約為 1600 萬台，其所造成的規模經濟的效果並不顯著，市場領導者 Palm 的年出貨量約為數百萬台至 1 千萬台左右，其他各家的出貨量大致上不會差異太大。

至於在產品差異化方面，除了因作業系統不同，而造成產品的硬體、軟體不同之外，其實產品差異化的界線已逐漸模糊，不過由於 Palm 是市場領導者也是先驅者，亦建立了不小的品牌地位與顧客忠誠度，但此處要指出的是忠誠度，是對於硬體的忠誠度，還是對於作業系統的忠誠度，基本上相同的作業系統，其操作上並不會有太大差異，所以隨著其他廠商的投入，如 Sony、Handspring，便稀釋了 palm 在市場上的佔有率。

在資金需求方面，建立 PDA 的生產線，舉凡生產設備、辦公室、廠房、存貨、周轉金等資金需求，若是以代工生產的角度來看，大約數百萬美元，這樣的規模並不算大，但若是以經營全球自有品牌來看，以 Handspring 為例，

其一年的營業成本和費用則需要上億美元。

在轉換成本方面，基本上，相同的作業系統，檔案間互通性高，在操作上也大致相同，所以轉換並不成問題，然而不同的作業系統間要轉換，則會面臨軟體和操作習性方面的問題。

至於其他方面的因素倒不會構成進入障礙，所以綜合上述，PDA 產業基本上並沒有什麼進入障礙[1]。但是在 IA 產業中有下列幾點的產品特性，這些特性可作為我們對 IA 這個產業的領導優勢條件：

- 成本低、整合性高、低耗能的處理器：針對 IA 的產品特性，可以發現原先 PC 產業所追求 Mhz 的競賽，可能不太適用，換言之英特爾所主導的 CISC 架構處理器，也可能需要部份修正才能適用於 IA 產品（例如 NS 根據 X86 架構，加入整合視訊、音訊等多媒體功能、被 NS 視為 IA 產品主打的 MediaGX），因此在部份 IA 產品中會發現採用不同架構的 RISC 處理器（例如 ARM 或 MIPS）－專以低耗能及內嵌式為訴求的處理器。
  甚至為達到低成本、高性能的產品需求，系統單晶片(SOC)的概念也將在 IA 產品上付諸實現，未來 SOC 可能整合處理器核心(processor core)、記憶體(memory)等，憑藉更精密的製程（如 0.18 或 0.15 微米）集結更多的電晶體數目以提升效能，但卻將系統上的數個晶片功能整合為一，縮小了系統體積（符合 IA 產品輕薄短小的可攜式特性），零組件減少，降低了成本，也同時減低了耗電量，延長電池壽命。

- 整合類比技術：要有具親切性的使用者界面，但人類最自然的使用方式（如聲音辨識）幾乎都屬於類比(analog)訊號，因此在未來 IA 產品的設計架構中，也必須考量整合類比與數位處理的技術，才能提供較高的產品效能，而這在半導體業者中也可發現整合的趨勢，例如德儀就整合旗下的數位及類比技術，推出完整的 DSP 解決方案；另外在提升多媒體處理能力方面，IA 產品必須有 MPEG 的壓縮及解壓縮功能，而繪圖晶片也是必需的，甚至在 SOC 的趨勢下，有可能會被整合至 CPU 中。

---

[1] 資料來源：工研院，黃千純。

● 通訊功能：不論有線或是無線，IA 都比 PC 更強調通訊能力，甚至通訊功能也將被整合至 CPU 中，但無論是在家庭網路領域，現階段標準仍是百家爭鳴，因此 IA 廠商必須密切觀察通訊標準發展。

● 軟體增加產品設計的多樣化：由於 IA 強調必須與服務緊密結合設計產品，因此除了硬體的電路設計之外，廠商更可善用韌體(firmware)或驅動程式(driver)等軟體設計，來增加產品設計的多樣化，而根據客戶需求加強軟體設計，這也是廠商附加價值所在–利用軟體技術來增加產品的差異化。

　　整體來說，PDA 這個產業的競爭優勢應該是來自於企業本身對這個產業市場趨勢以及關鍵技術的掌握。PDA 既然是個人數位助理器，也就是個人隨身攜帶的物品，如何能夠做到滿足不同客戶的需求，以及產品的差異化，並符合國際上的標準規格，使能夠達成便利、輕巧以及全球化的使用，便是這個產業成功不可或缺的因素。

第五節　產業關鍵成功要素分析

　　從國內廠商在 PDA 產業的佈局與規劃看來，可歸納出幾個產業關件成功要素。其一是比照目前國際 PDA 大廠的經營模式：例如跟隨微軟與 PDA 品牌業者腳步，以 Palm 系列為主要競爭產品；其二則另創經營模式的代工，在代工之外也兼具培養資源整合的 Know-how，產品介乎開放與封閉之間，較明顯避開 Palm 與微軟，網路的流行是這類型廠商發展的契機；其三是自創品牌，例如倚天與神乎科技，耕耘的是封閉式的專用市場。企業除了要開創自有品牌外，也要將上中下游軟硬體與網路資源的整合視為未來營運的重心，而經營模式可說是大中華區首創，也是企業進軍大陸市場的最大本錢。

　　PDA 未來將朝向輕薄短小、低價化、人性化、智慧化、網路化、無線化、安全化等方向發展，所以在技術上便要朝向單晶片、嵌入式 OS、人機介面、無線通訊、網路安全等方向著手。目前 PDA 處於成長期市場階段，技術不斷在演進，預期將來各家的產品現均會更廣，而且也會提供消費者更多樣化的選擇。而 PDA 發展至今，仍為 Palm 一家獨大，微軟、Symbian 遙遙落後的

局面，主要在於 Palm 掌握了幾個關鍵因素：使用的便利性和軟體的支援性，同時擁有先入市場的優勢，以至於其坐大並壟斷了近七至八成的市場，但是技術在演進、需求在變化，今天的成功，不代表明天仍會是 No. 1，要在這個競爭激烈市場永保領先，必須整合技術、應用和服務，探究市場需求，提供給使用者最貼心和個性化的服務，方為致勝之道。這些都是這個產業是否能夠成功的重要因素。

第六節　產業成本分析與競爭者分析

2000 年市場的高成長表現，以及未來都還有相當成長潛力的 PDA 市場，吸引眾多業者投入，為爭取市場，2000 年下半以來，PDA 產品不論是作業系統、價格、外型、功能等，都呈現相當多元化的發展。

不過，以半導體技術發展日新月異，以及 IP 產業推波助瀾下，PDA 走向 SOC(system on a chip)的時間點並不會太遠，目前國內已有不少廠商朝此方向發展，當然，業者著眼的焦點不只是 PDA，更企圖擴及所有 IA 產品。

在 SOC 尚未在 PDA 產業出現時，作業系統、CPU、顯示螢幕與是否有 Flash memory，是影響 PDA 成本的關鍵，其中，目前顯示螢幕與 Flash 都有缺貨之虞。一台薄薄的 PDA 其內裝結構大致區分為三大硬體架構（1.晶片組：包含 CPU、Flash 或 ROM；2.LCD 觸控模組；3.機殼、電池與零組件）與作業系統(OS)。詳如圖 6-3 所示：

以作業系統來看整個 PDA 的陣營，Palm 從 96 年崛起後，就保持一支獨秀的姿態，97 年有意搶占市場的 WinCE，則在 2000 年初推出 3.0 版，採用此作業系統的康柏(Compaq)iPaq 意外受到市場熱烈歡迎之後，才稍微露出頭，至於手機大廠力拱的 EPOC，則如前所述，雖然號稱第三大 PDA 開放性作業系統，但在手持式電腦的表現似乎比 PDA 好許多。

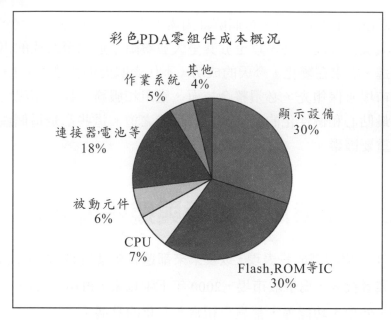

圖 6-3 彩色 PDA 零組件成本概況

資料來源:電子時報 01/2001

在作業系統方面,目前以 Palm 最具優勢,其在 99 下半年也拉大授權廠商數,並積極與其他領域翹楚合作(娛樂找 SONY,無線通訊找 Nokia 與 Motorola)。而雖然 Palm OS 目前爲全球市佔率最大的 PDA 作業系統,但授權金卻不比微軟的 WinCE 貴,一套 Palm OS 約 8～12 美元,比 WinCE 動輒 30 美元以上的授權費低許多。反觀國內軟體公司自行設計的作業系統,單位成本不過 3～5 美元,且可提供更大的彈性,漸爲台灣業者接受,Palm OS 與 WinCE 將不再是 PDA 作業系統的唯二選擇。

至於 CPU 方面,Palm 在一開始即與 Motorola 保持密切合作關係,從低價機種到提供無線通訊功能的 Palm,都是 Motorola 的 DragonBall,一來其價格(8～10 美元)較 Intel 的 StrongARM(15～20 美元)便宜,二來因其時脈速度不高,可有低耗電量的好處。當然,StrongARM 所提供的速度,則非 DragonBall 能比擬,強調多媒體功能的微軟,從一開始即採用 StrongARM 的 CPU。

表 6-6　全球 PDA 用作業平台性能比較

	授權態度/價格	系統 Size	所須記憶體	即時性表現	支援軟體	AP 資源	開發工具	多媒體表現	通訊能力
Palm	保守/中等	小	小	佳	少	多	標準	普通	普通
Win CE	開放（特定）/高	大	大	普通	多	普通	標準	佳	普通
EPOC	開放（特定）/中	中	中	佳	普通	普通	標準	普通	佳
Linux	開放/免費	小	小	普通	多	多	視廠商而定	佳	視廠商而定

資料來源：電子時報 01/2001

另外，PDA 會應用到的小尺寸 STN 與 TFT-LCD 顯示螢幕，供應商多為日系業者，而因為目前全球還是處於缺貨階段，價格自是不易壓低。

整體而言，PDA 產品並不是高獲利的產品，多數零組件也不是標準化的，需要客製化(Customization)這對製造廠商在材料成本的負擔更加沉重，多家廠商預估 2001 年毛利將會降至 10%左右，且其作業系統的採用也會影響零組件的所需品質。例如採用 WinCE 作業系統的 PDA 由於產品特性就是要發揮影音多媒體功效，對零組件的要求都比其他作業系統來得高階。

第七節　結語

2000 年可說是 PDA 市場風華難掩的一年，不僅全球銷售量成長超過 8 成，品牌也打破 Palm 近 9 成市場的局面，消費者有更多元的選擇；品牌之外，包括產品、應用、行銷模式、區域市場、主要廠商，在 2000 年也都有不小的變化，邁向整合無線通訊趨勢的 2001 年，PDA 更面臨來自手機大廠紛推的 Smartphone 競爭。

有人說 PDA 在 3G 手機推出之後，市場利基將不存在，只會是過渡性的

產品，但也有人認為，手機即使加入個人資訊管理（Personal Information Manager：PIM）功能，在產品走向輕薄短小的趨勢下，手機與 PDA 仍有相當不一樣的定位與應用，PDA 的功能甚至可被衍生為小型的筆記型電腦，運算功能較強，手機則以通訊（語音和數據）為主。

未來究竟是 PDA 還是 Smartphone 佔優勢，目前其實都還很難有個定論，但在輸贏尚未見真章的此時，對於能為消費者創造更多應用，並累積強大產品與服務開發經驗的廠商，將來不論是 PDA 或 Smartphone 勝出，都將只是應用平台的差異，廠商的核心競爭力與實力仍難以取代。

另外，如果反向思考，以合作的角度看 PDA 與手機的競爭，或可提供另一個可著力的策略點，而這得從 PDA 的發展來說。

1996 至 2000 年間，PDA 能夠跨越鴻溝、開創第一波成長的主因，與其能和 PC 進行資料的同步化有很大的關係，也可說是 PDA 坐享 PC 過去 20 多年來累積的龐大軟硬體資源，而 PDA 的可攜帶性，則是消費者想把 PC 內的資訊轉至 PDA 的關鍵，Microsoft 也從這樣的角度切入 PDA 產業。

邁向無線通訊時代的下一階段，PDA 要持續成長，除了與 PC 能夠互相溝通外，與無線通訊這個關鍵性應用的資源產生槓桿效益，亦是大勢所趨。對手機與 PDA 來說，兩者雖同屬高度可攜式產品，但手機在通訊領域的架構，是 PDA 所不及之處，而 PDA 較手機適合閱讀的螢幕、運算能力較強的硬體，以及已經累積的豐富應用軟體與週邊（手機多以網站服務、短訊為主），則是亟欲從新服務創造營收的手機業者，最可運用的資源。

表 6-7　台灣主要 PDA 業者概況

廠商	倚天	神乎科技	宏達	公信
投資公司	–	大眾 40%	威盛	宏碁 15%
目前定位	OBM 與整合服務提供者	OBM 與整合服務提供者	OEM/ODM	OEM/ODM

廠商	倚天	神乎科技	宏達	公信
事業想法與具體做法	1. 99/12 推第三代傳訊王，2000 年底推具 GSM 功能的雙向 PDA	1. 以神乎奇機為核心產品，從而衍生出開放式應用平台，平台功能類似目前的 Palm 再加電子商務與網路服務	1. 強調設計與研發能力，專注於該領域	1. 除代工外，結合網路服務業者，開發特定用途 PDA 應用
	2. 去年由中達代理大陸簡體版傳訊王，目前在大陸鋪貨廣度達 10 多個城市，並與大陸 10 多家傳呼業者合作	2. 雖以大中華區為目標，但現階段仍以台灣為主	2. 目前也有一組研發團隊耕耘 IA 產品	2. Q2 將在台驗證新 Business Model（含服務的整合性產品）可行性，後推至大陸（2001 年），並將之推介給代工客戶，收取權利金與代工訂單
	3. 去年與其他單位合作推特定功能 PDA（醫療專用通訊機、裕隆 PVA 行動秘書），今年 6 月世界資訊科技大會的會議小幫手 PDA	3. 今年將推出第二代產品，第三代可望於明年推出，具 GSM 功能		
投入時間	98/7 推出第一代傳訊王，現佔有台灣 85 ％股票機市場，累計銷售量達 30 萬台	98/5 成立，99/7 推出第一代產品，累計銷售量 10 萬台	97/5 成立	
今年預估出貨量	30 萬台（含大陸 10 萬），成長 1 倍	每月 1.5 萬台	40 萬台以上	5 萬台
產品策略	以傳訊王傳輸架構為基，推特定功能產品，並朝行動電子商務與服務發展	以股票金融機為主，並加強其無線通訊功能	強調開發速度、設計	

廠商	倚天	神乎科技	宏達	公信
軟體規劃	自行開發的封閉式作業系統，除傳訊王用外，也有特定用途PDA用軟體	自行開發的封閉式作業系統，目前僅供股票金融機用	以 Win CE 為主	與國內業者合作開發的內嵌式專屬 OS（非 Linux）/Win CE（非重點）
集團 相關投資	即將與中達合資設立公司負責大陸生產與銷售業務	無線通訊（大眾電信）		
代工客戶	無代工業務	無代工業務	康柏、國眾、北大方正、勝利電子等	北大方正、桑夏等

廠商	神寶	國眾	博達	宏碁
投資公司	仁寶 35%	大眾		
目前定位	OEM/ODM 為主	OBM	OEM/ODM	ODM/ OBM
事業想法與具體做法	1. 過去以 OBM 為主，在仁寶入主後，轉以 OEM/ODM 為主	1. 除銷售硬體產品外，消費市場亦著重加值服務發展，商用市場則依客戶作業需求開發應用產品	1. 從華文市場開始，逐漸推展至歐美，在各地並與品牌大廠合作	1. 避開 Palm 獨大的開放式 PDA 產品定位，走向結合個人化服務方向
	2. 短期轉虧為盈	2. 以台灣為基地，發展大陸/香港/東南亞市場	2. 亦提供軟體加值服務，未來 PDA 事業重心將以軟體加值與網路服務為主	2. 以硬體設備廠商定位，與具有電子商務及處理金流能力的網路業者合作，依客戶需求調整硬體功能
	3. 因 PDA 市場未完全興起，故客戶涵蓋面要廣，歐美日都不放棄			3. Q4 在台推出，明年下半進大陸市場
投入時間	93/12 設計出第一款 PDA，94/8 成立，94/10 行銷大中華區，99/10 仁寶取得經營權	98/11 推出第一款 PDA	99 年研發完成，今年 3 月少量出貨，4 月大量出貨	

廠商	神寶	國眾	博達	宏碁
今年預估出貨量	月 6,000 ～ 7,000 台，年 30 萬台	台灣 2 萬台	1.5 年內出 20 萬台 非 WinCE 產品予大陸客戶	<5 萬台
產品策略	外型年輕化、多功能訴求 (結合數位相機、上網、MP3)		除代工外，亦提供軟體加值服務	PDA 與無線上網為基本功能，再依合作廠商需求調整產品細部
軟體規劃	Win CE/與國內業者合作開發	以 Win CE 為主，但不排除推其他 OS 合作，以供應低價市場需求	以 Win CE 為主，但 Linux 及與國內業者合作的產品也在規劃中，並考慮加入 Palm OS	以能符合宏碁 PDA 產品推出時程為主，現與資策會合作開發中文化軟體及 Linux 較具時效
集團相關投資	面板（統寶）、CDMA（仁寶）	PDA 應用（神乎科技）、代工（宏達）	Linux（互惠科技）	Linux
代工客戶	聯想、南韓 Hansol（下半年出貨）	－	康柏、TCL 等	IBM、另一家亦為國際大廠

資料來源：電子時報

問題與討論

1. IA 資訊家電產業的產業定義、範圍、市場區隔為何？

2. PDA 的產業現況為何？

3. PDA 的未來發展趨勢為何？

4. PDA 的價值鏈為何？

5. PDA 產業領先與競爭優勢為何？

NOTE 心得筆記

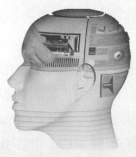

IC 封裝產業 7

第一節　產業定義、範圍、市場區隔

IC 封裝產業定義就是在晶圓製造完成後，廠商用塑膠或陶瓷等材料，將晶粒封包在其中，以達到保護晶粒與系統間訊號傳遞的介面，從事整個封包流程的廠商所形成之產業。

IC 封裝產業所涵蓋的範圍包括記憶 IC、邏輯 IC、消費性 IC 以及新興領域的 RFIC 等封裝；若以技術分，其範圍則包含打線封裝與覆晶封裝(Flip Chip)等兩種，封裝型態範圍則包括 Small Outline Transistor、Direct Chip Attach（包含 COB、TAB/TCP、FCOB 與 MCM 中之 Bare Die）、.CSP 封裝、.BGA 封裝、Transistor Outline、Small Outline Transistor 等類型。

IC 封裝產業之市場區隔上，依封裝產品分，可約略區分成 FCIP(Flip Chip in Package)與 FCOB(Flip Chip on Board)二種。前者在技術上包含晶粒凸塊製作、結構設計和原件整體構裝，常與 CSP、BGA 配合使用，概念上接近元件，是屬 1 級構裝。後者僅涵蓋將晶蕊倒置，直接接合於下層載體(Carrier)這道製程，為 1.5 級構裝。

二者目前在市場區隔上分別有各自領域，FCIP 主瞄準高階市場，如 CPU、特殊 IC 等，而 FCOB 則以打低階產品為主，多是考量成本、輕量化等因素，產品利潤雖相對較低，但市場規模卻較 FCIP 大上許多。雖然 FCIP 目前多為高階 IC 所採用，但就長期來看，為直接置晶(Direct Chip Attachment)的 FCOB 才是真正趨勢所在。因為無「封裝」(No Pack)是電子產品終極的發展目標，其概念並非「零構裝」，而是希望將傳統電子構裝所需的基板、導線架(Lead Frame)及封膠儘可能地去除，使訊號傳遞途徑更形縮短，甚至以直接接觸省略這步驟，除材料成本可因此大幅降低外，訊號延遲問題亦可被有效改善。

第二節　產業現況與未來發展趨勢

從半導體市場的景氣業環週期分析，上一次景氣谷底發生在 1990 年初，

1995 到 1996 年開始從最高點往下掉，1997、1998 年成為另一波景氣谷底階段，1999 年第三季逐漸好轉，1998 年階段影響廠商投資速度有二大因素，第一是供給過剩及經過三年的衰退後，使得半導體的財務狀況更為枯竭，然而由於 2000 年景氣逐漸又逐棄攀升，根據 Dataquest 的預測，全球半導體市場到 2003 年以前，每年平均約將以 19%的幅度擴張，到 2002 年市場規模將成長到 1690 億美元，根據 WSTS 預估來看，全球半導體市場規模由 1999 年的 1452 億美元，成長到 2002 年的 2335 億美元，相對地，IC 封裝的營業額也可由 1999 年的 190 億美元，穩固成長為 2000 年的 200 億美元。2001 年的 230 億美元及 2002 年的 270 億美元的水準，年平均成長率近 10%。

在半導體封裝方面，全球半導體封裝廠分布主要集中在亞洲地區，根據 SEMI 的資料顯示：1999 年全球 20 億美元的封裝設備市場中,亞洲佔第一位，佔有率答 57.3%，日本佔第二位，佔有率為 24.18%，北美地區佔 9.95%，而歐州地區佔有率為 8.36%。其中台灣的佔有率從 20%成長至 23.2%，韓國從 3.4%成長至 4.7%，日本是 1999 年成長最高的區域，從 1998 年投資 3.4 億美元成長至 1999 年的 4.5 億美元，佔有率下滑的區域為北美地區，佔有率從去年的 11.6%降為今年的 9.9%，由於東南亞地區的佔有率亦為下降的情況，因此可看出北美半導體已降低其封裝上的投資，而將此部份工作移轉給台灣的封裝代工廠商。

我國自 1966 年高雄電子成立以來封裝業一直是國內 IC 工業的最大主力，直到 1993 年才由 IC 製造業所取代，然其總產值仍然不容忽視，根據 ITIS 預估 2001 年將達 970 億元（如：圖 7-1 所示）且在世界佔有一席之位（如圖 7-2 所示）。由於晶片的應用繁多，特性彼此不同，封裝型式也可稱做包羅萬象，但以大趨勢來看，由於產品以方便實用、輕巧為發展方向，因此如何將晶片封裝，符合輕薄短小的要求，也是個封裝廠努力的目標，覆晶(FlipChip)製程及 CSP、BGA 皆是因此趨勢而產生的技術及封裝方式，因此未來臺灣廠商大宗之 DIP、QFP 將逐漸淡出市場。

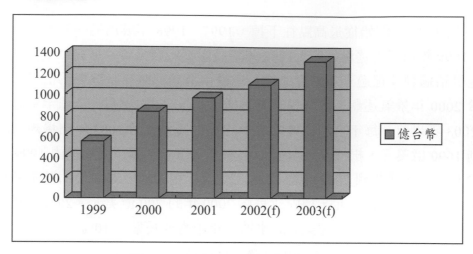

圖 7-1　展望 2001 年我國封裝業

資料來源：工研院經資中心 IT IS 計劃；2001 年 3 月

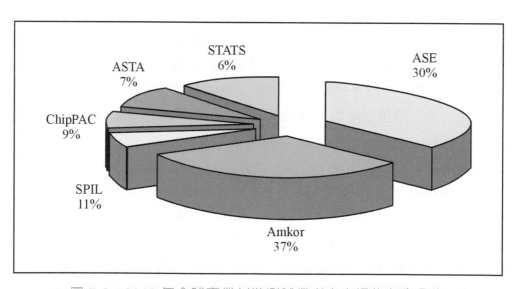

圖 7-2　2000 年全球專業封裝測試業者之市場佔有率分佈

資料來源：Dataquest；2000 年 12 月

表 7-1　預估封裝市場各產品變動金額（單位／百萬美元）

	2000 年	2001 年	2002 年	2003 年	2004 年	2005 年	成長率
DIP	734	511	478	444	456	476	-8.3%
SO	4842	4217	4653	4868	5230	5783	3.6%
CC	591	471	475	472	4995	526	-2.3%
QFP	4742	4114	4631	4798	5416	6171	5.4%
PGA	3037	2700	3159	3442	3638	3891	5.1%
BGA	5593	5805	7231	8171	9661	11342	15.2%
CSP	1349	1780	2540	3184	3979	4739	28.6%
總計	20887	19598	23167	25380	28875	32926	9.5%

資料來源：The Worldwide IC Packaging Market/ Electronic Trend Publications, Inc.：2000 年 3 月

　　整體而言，我國在 2000 年表現頗佳，有大廠恆大的趨勢（如附表 7-1），前五大廠集中度高，而其上游表現優異，設計業成長 55.3%，製造業成長率達 76.5%。

表 7-2　2000 年我國 IC 封裝產業表現(1)

項目　　　　　　　　　　　　　　　年度	1999	2000
國資封裝廠商數（家）	38	44
國資封裝業產值（億台幣）	549	838
產值成長率（％）	30.7	52.6
佔產業產值比重（％）	15.6	13.7
封裝員工總數（人）	23766	30000
研發費用佔產值比重（％）	3.0	1.9
資本支出佔產值比重（％）	52.1	35.1
外銷比重（％）	49.6	52.1

資料來源：工研院經資中心 IT IS 計畫:2001 年 3 月

表 7-3　2000 年我國 IC 封裝產業表現(2)

排名　　　　　　　年度	1999	2000
1	日月光	日月光
2	矽品	矽品
3	華泰	華泰
4	日月欣	日月欣
5	超豐	超豐
前五大集中度	72.9%	75.4%

資料來源：工研院經資中心 IT IS 計畫:2001 年 3 月

第三節　產業上下游關聯與產業價值鏈之領導廠商與競爭者分析

　　由於台灣產業上下游結構完整的優勢，不僅上游眾多的 IC 設計業者，提供了市場基礎，且藉晶圓代工的強勢市場地位之助，進而吸引國外 IC 設計與 IDM 廠商，當不景氣時，客戶基於台灣擁有一次購足的便利，也可以節省交通運輸的成本，這方面的優勢成了業者的保護傘，在景氣滑落時，受創比國外廠商輕。

　　封裝產業依據封裝技術的不同，可以繪製成魚骨圖（圖 7-3），作進一步的分析探討；全球 IC 封裝型態在數量上，以 SO 型態所佔比重 5 成多為最高；CSP 與 BGA 雖比重仍低，但其市場需求成長快速，1999 至 2004 年複合成長率各為 53.0%與 28.9%。

　　在封裝技術所適用腳數方面，CSP 封裝中以 36-68 腳需求最高，1999 年其比重為 56%，預估 2004 年其比重為 58%，BGA 適用於高腳數，212 以上 BGA，1999 年比重為 50%，預估 2004 年其比重為 46%。而 BGA 148-208 腳數的年複合成長率（1999 至 2004 年）為 29.2%也高於 QFP 的 17.6%，隨 BGA 製造成本降低競爭力提升，BGA 替代 QFP 的效應向下延伸。

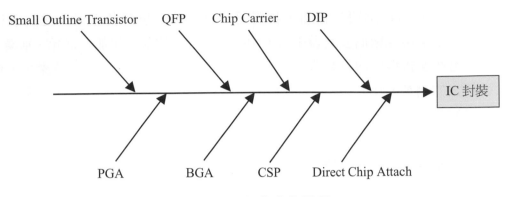

圖 7-3　封裝產業魚骨圖

　　接著，我們由封裝產業的產業價值鏈可以深入探討產業之領導廠商以及競爭者的競爭情形；過去十年裡在全球 IC 熱潮下，台灣積極發展 IC 下游封裝產業，在全球專業分工的考量下，不少業者期許台灣成為封裝重鎮，且在技術性門檻較高下，近年新興業者紛紛定位為專業 RFIC 封裝公司。對於矽晶圓的封裝業者而言，因著眼於未來封裝產業的新市場機會將來自 RFIC 的需求，因此紛紛跨足此一領域，而這一波的投入，使得台灣 IC 封裝產業價值鏈趨於完整。

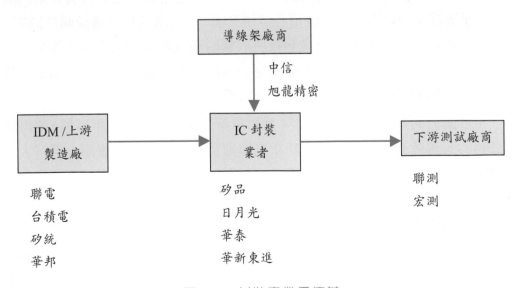

圖 7-4　封裝產業價值鏈

有了產業價值鏈與魚骨圖，我們便可以開始分析封裝產業內之競爭情況，包括產業領導廠商及其競爭者，例如日月光、矽品、旭龍、京元、華泰、立衛、旭利等皆為國內封裝業之領導大廠；而 IC 產業屬於規模經濟產業，有大者恆大的趨勢，因此我國封裝大廠也在 1999 年上半年大舉對外進行購併以擴增封裝版圖。其中最引人矚目的首推日月光在 1999 年 2 月底宣布將購併摩托羅拉的中壢與韓國兩座封裝測試廠，不僅將使日月光的產能大幅提升，並獲得摩托羅拉提供後續訂單下，對營收有極大挹注，還有助於吸引其他 IDM 大客戶。

另外，華泰也在 1999 年 4 月投資 680 萬美元取得美國 IPAC 封裝廠的 75% 股權。華泰入主 IPAC 封裝廠後，將其定位為北美地區的研發、行銷與客戶服務中心，不但可以為華泰電子現有的北美客戶提供更快速與彈性的服務，而且 IPAC 所擁有包括 Intel、IBM、AMD 等世界級客戶，華泰透過此項購併也將增進與這些大廠的緊密關係，而可望帶來後續可觀訂單。

另外一件受人矚目的購併案是南茂科技購併位於高雄加工出口區的台灣第一家封裝廠高雄電子。高雄電子是美商微電子科技(Microchip)所投資設立的台灣子公司，從事半導體後段封裝、測試及銷售業務。由於經營策略的考量，美商微電子公司決定將生產重心移往泰國，而與南茂科技達成購併協定。因此自 1999 年 7 月份起，由南茂科技所收購的高雄電子將以南茂高雄分公司的名義正式運作。南茂將因購併高雄電子而能從原先的記憶體後段加工，快速延伸至邏輯封裝市場，開拓新的業務版圖。

至於國內的購併則有 1999 年 4 月初華新先進的入主宗大半導體，使得兩家公司的資源能充分運用，未來華新先進則負責產品之整合規劃，而宗大半導體將專注於 SOJ、SOP、PDIP 產品。另有，仁寶以筆記型電腦系統廠商成為飛信半導體最大股東而主導營運方向，由原來的金融卡、國民卡等 IC 卡之封裝，轉為與筆記型電腦相關零組件的封裝測試。

就上述發生於國內購併事件而言，至少有以下兩點啟示，(1)以 Microchip 自台灣撤離而言，顯示雖然台灣之人力素質較泰國為高，但台灣在人力、土地等生產因素成本高，並不適合再從事 100 腳以下低單價產品之封裝，才會

將生產重心移往泰國。因此國內封裝廠商應該積極將生產重心轉移往高單價、高腳數的封裝型態如 QFP、BGA，以避開與東南亞人工、土地便宜地區從事價格競爭，否則營運必然日益辛苦。(2)大者恆大效應導源於初期的規模經濟與後期學習曲線之助，使規模擴大與生產累進的經驗能夠有效的降低生產成本，特別適用於製造業。因此中小廠商或新加入廠商，往往由於規模小以及產品線無法差異化，而無法與大廠商從事低成本競爭，而使營運倍感吃力；尤其產業步入成熟期，低成本與提高服務品質成為競爭主要手段，中小廠商如何透過策略聯盟或購併方式增強體質、擴充規模，也成為不可避免的趨勢。

TFT-LCD 驅動 IC 係使用 TCP(Tape Carrier Package)封裝技術，在約長 2 公分的驅動 IC 上進行凸塊(Bumping)製程後，再壓合在軟膠基板之上，因精度高而製造困難，目前主要技術掌握在日本生產 TFT-LCD 的廠商手中。不過，目前國內 TFT-LCD 驅動 IC 後段封裝及測試能力仍在萌芽期，福葆在 1998 年剛擁有 TCP 技術、頎邦也在計畫投入階段。因此國內生產的 TFT-LCD 驅動 IC 產品，仍須運往日本從事後段加工。

未來國內每年在驅動 IC 方面有將近百億台幣的市場，在國內積極投入驅動 IC 的設計與製造技術之時，將會帶來為數可觀的封裝測試機會，而值得廠商積極投入，以建構我國更為完整的 TFT-LCD 產業。而 IC 封裝主要的困難並不在技術方面，而是如何達到應用上輕、薄、短、小的需求；在測試部分，die 的穩定度難以掌握及台灣人才的缺乏下，更是困難度高。

在 RF 封裝方面早有菱生跨足，主要是在低腳數的 RF IC 的封裝，此外，除大廠日月光相繼投入此領域，其他如麥瑟、京元等，也在此新領域著墨，南岩則是定位在專業的 RF IC 封裝公司，跨足 RF IC 模組封裝的則有同欣、國碁。

對於未來如何加速國外 IDM 廠訂單來台，除了本身技術及成本需有足夠吸引力外，提供客戶 Turn-key Service 將為必要，也因此未來封裝測試廠的合作為趨勢，可能會朝向跨入 RFIC 測試領域，在客戶服務考量下這是封裝廠必然的考慮方向。

　　我們進一步分析產業內的競爭態勢。在領導廠商與國內外競爭者分析方面，觀察全球五大領導廠 2001 上半年的營收變化，台灣領導廠商日月光（不含海外廠）與矽品的營收下降幅度較國外大廠輕，2001 上半年營收較 2000 年同期衰退分別為 12.9％與 6.9％，相較於美商安可(Amkor)、韓商 ChipPAC 與新加坡商 STATS 分別衰退 24.0％、14.2％、43.3％，受創較輕，不僅如此，在營業利益與稅前盈餘的表現，也都優於國外大廠。

　　我國的封裝領導廠商以及主要競爭者的分析，茲進一步說明如下；日月光，華泰公司亦在菲律賓設廠，華泰在菲律賓設廠斥資約 2500 萬美元，於 1999 年 8 月動工，此工廠主要以低階封裝業務為主，未來華泰希望低階封裝主要在菲律賓廠進行；Cypress Semiconductor 在菲律賓設置一條 FBGA 封裝測試生產線，主要是因應無線通訊製造商對超低耗電 SRAM 晶片的封裝需求，此類晶片的耗電量將比傳統產品節省 90％，此生產線的月產能將可達到 150 萬顆 FPGA 封裝，並可透過生產機具的更換，用以生產高達 256 球封裝的其它產品。

　　而日月光今年則以通訊產品躍升幅度最為明顯，目前客戶群已達 200 家以上。公司目前世界級客戶包括摩托羅拉、IBM、3DFX、ATI、nVidia、AMD 及國內的威盛、矽統、揚智等等。日月光自 Flip Chip Technologies 將技轉的長凸塊技術已開始利用其速行晶圓級封裝，直接在晶圓上長出凸塊，此技術適用於高頻、腳數多，且電性要求較高的通訊 IC，其為第一家成功量產覆晶封裝及凸塊的專業代工廠，目前覆晶封裝成本約為高階 BGA 封裝的三倍，未來三年內將會逐漸降低至 2 倍左右，由於封裝型態的改變，未來封裝製程的附加價值將會逐漸轉移至材料的研發與製程，因此日月光部份有日月宏負責此部份的研發。

　　在產能的擴充計畫上，日月光 2000 年上半年封裝部門已支出 1.41 億美元，使集團目前的銲線機總數已達 3.636 台，其中高雄廠即高達 2,368 台。廠辦擴建方面，為時 10 年，新台幣 1406.14 億元投資計畫，目前已正式在高雄楠梓加工出口區內啓動，日月光與加工區管理處合作，分 3 期興建 2 棟分別為 12 及 17 層樓高的儲運大樓。擴建投資計畫完成後，將增加廣達 29121 萬

坪的樓地板面積，比現有規模擴張進 6 倍，營業額也將隨著步步高升。

　　相較於日本、韓國的半導體產業，以財團型式發展上、中、下游整合的模式，台灣是以專業廠商的角色切入，專做封裝代工的業務，因此具有更快因應市場變化的優勢，並在半導體產業具有從晶片設計、製造至封裝、測試、專業且完整的發展環境，國內的封裝廠在過去幾年的辛勤耕耘下，規模逐漸擴大，目前並致力於製程的研發，而一些跨國性的大廠在考慮生產成本因素、國際分工的潮流下，需要較多人力成本的 IC 封裝業務已有逐漸委外生產的趨勢，例如北美許多 IDM 大廠看中台灣進行封裝代工的優勢，為降低其產品成本以提高產品的競爭力，紛紛將封裝業務轉移至台灣的封裝廠代工，而日本在半導體發展上，日本的 IDM 廠商也有部份釋放產能的效應，再加上與國內 IC 前段廠晶圓廠如台積電、聯電等的策略聯盟，以維繫應有的訂單。國內產業上下游之關連可以說明如下表（如表 7-4）：

表 7-4　國內 IC 封裝測試業與製造業間之上下游關聯

IC 封裝測試廠商	合作之上游製造廠	彼此間是否有投資關係
矽品	聯電	無
日月光	台積電	無
華泰	矽統	有
華新先進、華東先進	華邦	有
鑫成	旺宏	有
南茂	茂矽	有
立衛、力成	力晶	有

資料來源：工研院經資中心 IT IS 計劃，2001 年 3 月

　　至於國外的競爭者分析方面，日本大廠發展在 CSP 封裝方面，採用覆晶 (Flip-Chip) 技術的產品有增多的跡象，不過由於需要用到傳統製程沒有的覆晶封裝設備，多數是具有國際知名度的日本廠從事這方面的開發，採用的廠商包括松下；富士通、日本德儀、NEC、SONY、三菱電機、日立等。

第四節　產業領先條件與競爭優勢來源分析

　　國內 IC 封裝產業執世界牛耳，其產業領先條件為：透過市場上下游合作，可順勢拉拔整個封裝產業的發展，加速技術製程的提升，當前產業陸續透過技術移轉機制，亦取得一定程度的技術；且封裝業者均能掌握市場資訊，不斷開發更貼近下游多元需求的產品。

　　因為全球市場有變化、趨勢在變化，台灣靠著掌握多元需求的市場環境而有機會切入了這個市場，但是目前台灣半導體產業之所以能在晶圓代工領域佔有全球第一的地位、在封裝方面的實力也僅次於韓國，在現今講究專業分工的潮流下，台灣封裝業者已是全球主要半導體業者視為必須要合作的夥伴，這些成果的背後，所憑藉的絕非只是我們「看對趨勢」，或只因為我們有「製造優勢」、成本比別人低而已。

　　值得注意的是，國際大廠陸續來台，增加台灣廠商技術提昇的壓力；全球第一大封裝廠 Amkor，今年來台併購台宏與上寶，雖然這 2 家廠商目前的規模，不足以威脅到台灣本土龍頭廠商，但 Amkor 可藉此接近台灣的客戶與晶圓代工兩大龍頭，先利用其領先的技術水準，將市場區隔開來，爭取合作機會，建立高階產品領導的地位，再逐漸擴展其他較低階產品市場。台灣封裝業者在技術與產能上仍具有規模優勢，但在先進封裝技術應更加強化，避免國際大廠與晶圓代工廠合作關係遭滲透。

　　此外，國內小廠專注特定領域，亦形成在某些特定領域內之產業領先條件；由於封裝產業趨於成熟，大廠藉著規模經濟壓縮了小廠生存的空間，朝著大者恆大的趨勢邁進，若與大廠正面競爭，必然成為輸家，但是往大廠無暇顧及到的市場，則有機會成為小廠生存的另一片天。

　　例如如超豐進軍影像感測器(CMOS)封裝測試市場；華特則計劃開發反射式單晶矽微型顯示器元件(LCOS Microdisplay)及微光電元件(Hologram Micro-Optics)等光電產品封裝；矽格的微型攝像模組(CCM)已進入量產；南茂則配合母公司茂矽進軍功率晶片(Power IC)與 LCD 驅動 IC 市場。然而，轉站立基市場對小廠而言，仍須面臨技術挑戰與市場前景的不確定性，不過比起

與大廠正面衝突，仍有一線生機。

　　造成封裝產業領先條件尚包括：是否滿足多元需求的市場。部分 IDM 廠因為不景氣，有些產品若自己封裝，已經沒有經濟效益而關廠，所以會將封裝的部分外包出來，給具符合技術水準與經濟規模的封裝廠代工。這時如果封裝業者能夠滿足 IDM 的訂單需求，便能在產業中保持領先地位。

　　整體觀之，目前不論封裝產業或者 PCB 產業均已明確瞭解到 BGA 封裝在將來的可塑性，而積極著手相關投資、研發及市場卡位，但即便前景明朗，卻仍受限技術發展不易、良率提升有限，在下游業者仍質疑適用可行性的情形下，而於今日仍遭逢訂單有限的窘境。以封裝業為例，即使大如 Amkor 這號全球大廠當前在凸塊生成製程上仍有技術上的不成熟，而難以將良率往上大幅提昇，就算是已具相當市場規模的 PBGA 封裝，至目前為止的合格供應商也還屬有限，加以不同於傳統封裝已有相當穩固之檢測方法，BGA 封裝由於介面接合的複雜性較高，封裝後驗證品質良莠與否的檢測方法至今仍無較具公信力者，是故整體產業目前以低腳數的 BGA 封裝為主，業者在技術上仍得多下工夫才行。

　　PCB 業亦是一樣，隨現今電子產品功能走向高度複雜，對耐熱、低電性干擾、薄形化等有愈發加重的要求，為配合增層、細孔、高耐熱係數等技術，製作上已不如以往單純，尤其 BGA 類基板是偏向半導體製程的，在結合上訴眾多考量後，不管是設計或是製作都較傳統基板困難許多，如需考量基板對應力承受度、板彎等問題，這也是當前為何握有較先進技術的日商能在市場上領先他國業者的原因。

　　至於產業競爭優勢來源，則包括了國家對整體產業創新的支持、產業群聚、高等教育的人力資源、產業技術移轉機制的建立、產官學研的合作、以及企業的創新精神。

　　政府方面，由於全球運籌管理下的生產與創新網路是跨國性的，我國因此需提昇我國研發體系，使其在國際研發分工體系中具有較高階的策略地位，進而與亞太運籌管理中心的發展方向相輔相成。所以，政府應致力於提高我國研發體系國際化的水準，以使外商及本土廠商在台的研發活動，成為

全球創新網路中不可或缺的一環,甚至肩負起區域性乃至於全球性的統領能力(regional or global mandate)。

產業方面,在全球運籌產銷的架構下,我國封裝產業可以利用在研發、資金、電腦化、後勤支援,以及衛星工廠之間上、下游配合等各方面的能力,「綁住」國際級資訊大廠,使台灣順勢發展成資訊業的全球封裝中心。

企業方面,從國家產業升級或廠商永續發展的角度來看,我國廠商都應開始擺脫價格競爭,甚至於代工的巢窠,重視附加價值與創新。資訊電子業的全球運籌產銷模式,提供了一些已有海外產銷網路的傳統產業一個開創新附加價值的方向。

台灣,因為政治穩定、勞力素質優良,還有更重要的原因是－便宜,因此,吸引了不少外商公司前來投資設廠,如高雄電子、飛利浦、德州儀器、摩托羅拉…等等。但是自從 1985 年以後,就再也沒有外資封裝廠到台灣來了,反倒是以國資為主的封裝廠如日月光、矽品、鑫成…等,如薪火傳承般的開始接續我國封裝業的發展。而促成這種現象的原因是,在外在環境的部份,從 90 年代開始,比我更具有勞力成本優勢的國家,如泰國、馬來西亞、菲律賓等,在政治穩定的前提下,如同當初台灣的發展情況一樣,也吸引了不少有勞力需求的外商公司前去設廠,自然地,在本質上要用到不少廉價勞力的封裝業,也就如雨後春筍般的在當地發展起來。

但是當我們回顧過去這幾年,在國資封裝業的部份,絲毫未受到勞力成本上升,而呈現疲態,反倒是在在的顯露出蓬勃發展的盛況,以產值的部份來說,從 1991 年到 1997 年期間,平均成長率高達 45%,而廠商家數也從 7 家累積到 20 餘家以上。如果說,這七年來,台灣的封裝業已經不再具有勞力成本優勢的話,又是什麼樣的優勢,引領過去這七年間台灣產業的蓬勃發展呢?顯然的,勞力成本優勢應該不是答案。筆者以為,引領最近這幾年台灣發展的核心優勢在於國內所獨有的資訊電子產業完整製造體系,和專業分工的生產優勢。當我們回顧這幾年台灣半導體產業的發展史,更可以深切體認到這一點。尤其是 486 電腦的時代,更可說是將我國電子產業帶到前所未有的黃金時代。就拿主機板的生產來說,由於製造量居全球之冠的緣故,自然

而然所用到的諸多 IC，意即成為龐大的 IC 需求者，如 256K 的 SRAM、晶片組、I/O 控制晶片等等。在有龐大內需市場的誘因下，再加上在諸多歸國學人紛紛回國貢獻下，一家家的 IC 設計也公司陸陸續續的成立。從設計、製造、封裝、測試到最後的內需使用等，台灣形成了全球任何一個地區都無法與之競爭的特有產業結構，再加上在當時，因為 Windows 作業系統盛行所帶動的大量 IC 需求，於是乎，天時、地利、人和完美的配合下，造就出我國在 1994、1995 年期間，如鈺創、聯電、華邦、矽統、威盛…等等公司的盛況，而更促成了國內前所未有的八吋晶圓廠投資熱潮，以上所說的這些廠商，正是支撐國資封裝業蓬勃發展的重要推動者。

至於在國資封裝業的國外客源部份，主要的產業競爭優勢來源可以說是產業群聚了；由於我們有著像台積電等具有絕對優勢的晶圓代工廠，自然地，像 SMC、Tsengs Lab、Trident…等設計公司既然要找晶圓代工公司，台灣的晶圓代工業可說是當時最好的選擇，這樣的結果，形成了在當時的環境下，既然非得到台灣來做晶圓代工不可，而國內的封裝、測試業又是這麼有競爭力，再加上最後封裝業的交貨客戶又是運送給台灣業者的情況下，實在找不出有太多的理由，不把所相關的電子產業製造工作交由台灣代工。也因此，儘管表面上，這七年來，我們的人力成本不比東南亞國家低，但是就 TCO(Total Cost of Ownership)的觀點來看，包括時間成本、運送成本等等，台灣在這方面，卻是最具競爭力的。也因為這樣的關係，台灣封裝產值，這幾年來一直能有四成以上的海外客源貢獻，絲毫不會因為東南亞的報價較低，而有逐漸流失的可能，反倒是這部份的客源，在經過這一兩年如台積電、聯電等與不少的設計公司策略聯盟後，更是帶動國內封裝產值的大幅成長。而這也是為什麼東南亞國家儘管在封裝的報價方面，雖然較台灣業者為低，但因為缺乏晶圓代工、下游需求市場的完整配套，導致業績一直較我國業者遜色的主要原因。以上的說明，便可以看出台灣封裝業的產業競爭優勢究竟為何。如果換個角度來看，台灣假使拿掉了晶圓代工產業、拿掉了強大的資訊系統產品製造，台灣的封裝業的競爭力勢必會大受影響。

第五節　產業關鍵成功要素分析

　　台灣在過去七年來，封裝產業執世界牛耳，進一步分析其關鍵成功要素，可以歸納為下列要素：

1. 技術移轉機制

　　從封裝業者的角度來看，Amkor、日月光、矽品、華泰等全球大廠均已做好量產的準備，若不是自行研發便是透過技轉取得技術，且透過與上游 PCB 廠結盟，已達成基板供貨不虞匱乏、藉由大量採購基板壓低生產成本、提供客戶更完整解決方案等各項效益，當前只待應用層面更趨廣泛，方能真正坐收大規模利益。

　　以台灣業者發展來看，日月光及矽品一開始是藉由從美商 Tessera 引進 □BGA 及長凸塊(Bumping)技術，之後再向 Flip Chip Technologies（現已更名 K&S Flip Chip Division）技轉 CSP 技術，逐漸累積起這方面技術的，而除這二家大廠外，米輯、華治、裕沛、精材等中小企業，亦透過技術移轉，直接切入超薄型 BGA 與 CSP 等先進封裝領域。

2. 製程研發與成本監控

　　以封裝業為例，即使大如 Amkor 這號全球大廠當前在凸塊生成製程上仍有技術上的不成熟，而難以將良率往上大幅提昇，就算是已具相當市場規模的 PBGA 封裝，至目前為止的合格供應商也還屬有限，加以不同於傳統封裝已有相當穩固之檢測方法，BGA 封裝由於介面接合的複雜性較高，封裝後驗證品質良莠與否的檢測方法至今仍無較具公信力者，是故整體產業目前以低腳數的 BGA 封裝為主，業者在製程技術上仍得多下工夫才行。

　　PCB 業亦是一樣，隨現今電子產品功能走向高度複雜，對耐熱、低電性干擾、薄形化等有愈發加重的要求，為配合增層、細孔、高耐熱係數等技術，製作上已不如以往單純，尤其 BGA 類基板是偏向半導體製程的，在結合上訴眾多考量後，不管是設計或是製作都較傳統基板困難許多，如需考量基板對應力承受度、板灣等問題，這也是當前為何握有較先進技術的日商能在市場上領先他國業者的原因。BGA 封裝確實具有相當優良之物性，但由於真正受

到注目而開始發展的時間仍相當短暫，若要逐步取代老式封裝，需得在技術上有一定的進展，才能於成本上大幅降低，廣收招徠顧客的效益。

3. 與上下游的關係

　　台灣因在封裝業方面執世界牛耳，其關鍵成功因素為國內所獨有的資訊電子產業完整製造體系以及上下游的專業分工。雖然 BGA 基板發展上呈現落後局面，但透過上下游合作，可順勢拉拔 PCB 產業發展，加速技術製程的提升，當前二產業已陸續透過技轉，取得一定層度的技術，但為求長久計，國內上下游廠商仍須朝深一層技術繼續合作研發，儘量擺脫權利金的束縛，如此將來才能更具競爭力。

　　同時封裝業者更進一步與台積電、聯電等與不少的設計公司策略聯盟後，更是帶動國內封裝產值的大幅成長。而這也是為什麼東南亞國家儘管在封裝的報價方面，雖然較台灣業者為低，但因為缺乏晶圓代工、下游需求市場的完整配套，導致業績一直較我國業者遜色的主要原因。

第六節　產業成本分析與競爭者分析

　　IC 封裝產業之成本分析上，可分為打線封裝(Wire Bonding)與覆晶封裝(Flip Chip)等兩類來考量；在打線封裝(Wire Bonding)方面，單位製作成本約 0.79 美元，佔封裝成本最大宗的項目是 Wire 的部分，約為 0.43 美元，佔總成本的 54%，而其次則為 Wire Bonding 的部分，約為 0.23 美元，約佔總成本的 29%，其他如 Encapsulation 的部分佔 13%，Die Attach & Cure 的部分佔 4%，；在覆晶封裝(Flip Chip)方面，單位製作成本約 0.58 美元，佔封裝成本最大宗的項目是 Bumping Cost 的部分，約為 0.37 美元，佔總成本的 63%，而其次則為 Underfill 的部分，約佔總成本的 17%，其他如 Reflow Bumps 佔 9%，Pick & Place 佔 9%，Clean 佔 2%。

　　在競爭者分析方面，封裝業者從產業競爭的角度來看，Amkor、日月光、矽品、華泰等全球大廠均已做好量產的準備，若不是自行研發便是透過技轉取得技術，且透過與上游 PCB 廠結盟，已達成基板供貨不虞匱乏、藉由大量

採購基板壓低生產成本、提供客戶更完整解決方案等各項效益，當前只待應用層面更趨廣泛，方能真正坐收大規模利益。

進一步地深入探討台灣業者發展的競爭分析，我們可以發現，日月光及矽品一開始是藉由從美商 Tessera 引進 □BGA 及長凸塊(Bumping)技術，之後再向 Flip Chip Technologies（現已更名 K&S Flip Chip Division）技轉 CSP 技術，逐漸累積起這方面技術的，而除這二家大廠外，米輯、華治、裕沛、精材等中小企業，亦透過技術移轉，直接切入超薄型 BGA 與 CSP 等先進封裝領域。

接著探討 PCB 的競爭分析，目前全球在這方面供貨近 7 成由日商所提供，這和日本因較早發展 PCB 產業，奠定了深厚的技術基礎，及早一步轉型至高階 PCB 有關；一線廠商有 JVC、松下電子、Ibiden、富士通及日本 IBM 等，可說呈現一日商獨霸的局面，近年來台灣與南韓業者雖亦窺見商機一窩蜂投入，但因相關技術發展不若傳統基板容易，技術面需外力扶持，故一時間尚難以撼動日商地位。

台灣當前出貨規模最大者為全懋，其次才是日月宏、台豐、耀文等，整體主力集中在市場已成熟之 PBGA 基板上，於 CBGA、TBGA 等類型基板方面，則因技術仍未達一定層度而無法對日商形成影響。

以全懋和日月宏來看，分別是矽品與日月光轉投資的企業，產能配置上均以供給母公司為主，各佔 45% 及逾 50% 的比重，從 2000 年開始二家公司即急速擴充在 IC 載板的產能，以配合母公司在封裝市場的進攻策略，但即便如此，日月光與矽品目前在多數 IC 載板的使用仍多從日本採購。

第七節　結論

目前國內已有廠商從是覆晶設備的開發，由國外對台灣進口的覆晶設備看來，目前數量並不大，但國內已有數家長凸塊廠商，封裝廠進入此領域，在封裝輕薄短小的趨勢下，覆晶技術的確也是廠商共同認為未來發展的趨

勢，目前國內封裝廠有日月光、矽品已導入 FCT 的覆晶製程，覆晶相官的凸塊技術國內亦有碩邦、福杰等公司發展，台積電意利用凸塊技術進行晶圓級封裝的試產。

而 BGA 均已是國內封裝廠主要的發展方向，對 BGA 的產品臆測也都在約 20～30%左右的成長，日月光、矽品、華泰在傳統封裝的產品已逐漸為 BGA 的產品取代，北美許多 IDM 大廠看中台灣進行封裝代工的優勢，為降低其產品成本以提高產品的競爭力，紛紛將封裝業務轉移至台灣的封裝廠代工，而日本在半導體發展上，日本的 IDM 廠商也有部份釋放產能的效應，再加上與國內 IC 前段廠晶圓廠如台積電、聯電等的策略聯盟，以維繫應有的訂單。因此，IC 封裝產業的前景應仍有極大的發展，不過仍須思考新的發展方向，例如因應無線通訊製造商對超低耗電 SRAM 晶片的封裝需求，以及引進新的封裝技術，以追求未來更大的發展空間。

問題與討論

1. IC 封裝產業定義。
2. 為何台灣之 IC 封裝產業，在景氣不佳時，受到較小之衝擊？
3. 發生於國內購併事件，給你哪些啟示？
4. 台灣和日本、韓國之半導體廠商，發展模式有何不同？
5. 台灣在封裝產業執世界牛耳，試分析其關鍵成功要素？

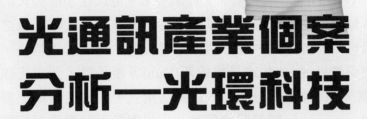

光通訊產業個案 8
分析─光環科技

第一節　前言

　　未來大量資料傳輸帶來市場機會，在數據傳輸(Datacom)領域，人們要傳輸的資料量會越來越大，促使光纖(Fiber)網路的建置需求會越來越多，則對面射型雷射而言，將是利多的消息。電信傳輸(Telecom)的特點在於做中、長距離的傳輸，但因其造價高昂，國內目前主要是中華電信及有線電視等業者投入。反過來說，採用面射型雷射作為解決方案的數據傳輸，不但在速度上可以達到 1.25 Gbps（每秒 1.25Giga 位元數）之通訊要求，可以在 500 公尺的周圍內完成大量資料傳輸的使命，未來市場量衝大時，成本還有大幅降低之空間。如果未來在大公司內的各部門，彼此傳輸大量資料的需求越來越強，就會讓網路廠商在銷售交換器(Switch)或是集線器(Hub)等產品時，預置光纖通訊的傳輸埠(port)。當光纖骨幹(backbone)一旦廣為架立，則表示市場上需要很多光纖傳輸模組(Transceiver)，順勢將會帶動起市場對於面射型雷射相關之元件及零組件(VCSEL Chip、Components、Transmitter)等的需求。

　　基於這種趨勢下，光環科技成為國內第一家投入面射型雷射晶粒(Vertical Cavity Surface Emitting Lasers，VCSEL)及模組的光環科技，該公司創立於民國 86 年 9 月，成立後即已齊備磊晶成長、元件製程、測量、封裝、可靠度測試等必要功夫，面對全球各大廠頗有初生之犢不畏虎的氣魄，光環科技成立 3 個月後即進駐工研院創業育成中心，並於 87 年 11 月進入新竹科學園區。

1.1　公司基本資料

　　1997 年 9 月 1 日由交大黃凱風及戴國仇教授所領導的團隊在新竹成立。光環科技董事長為劉勝先，總經理為吳昌成。公司地址為：新竹科學工業園區新竹市展業一路 21 號 2-2 樓。目前光環科技資本額 8 億元，其股東結構中，包括裕隆集團旗下的新揚管理顧問、永豐餘集團、開發科技及台灣工業銀行，其中裕隆集團旗下的新揚管理顧問公司加入投資行列，持股約 20%成為光環最大投資法人，經營團隊來自於交大的師生等。員工人數大約為 300 人，其中研發人員佔約十分之一，製造人員則佔一半以上，業務及行銷人員的需求量則是逐年升高。

組織的架構如下圖：

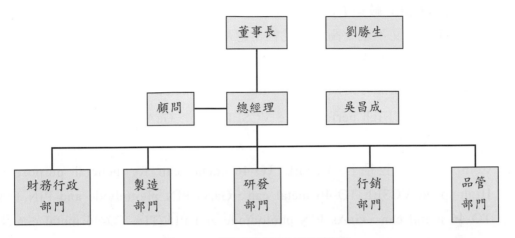

図 8-1　光環科技組織架構圖

　　光環科技財務狀況爲民國 89 年 12 月已達單月損益平衡，89 年全年營收約 1.3 億元，仍屬於虧損狀況，其中 VCSEL 營收比重佔約 60%，其餘 VCSELMETALCAN 約佔 40%。民國 90 年 1 月營收 2,000 多萬元，獲利 800 萬元，2 月營收 3,000 多萬元，自去年 5 月開始已連續 11 月業績創新高。吳昌成總經理表示，今年營收目標 7 億元，獲利目標約 1.75 億元，每股稅前盈餘約 2.18 元。其中 VCSELMETALCAN 比重將提升至 50%，而在出貨順暢下，今年累計前二月營收 5600 萬元，獲利約 1600 萬元，以目前股本 8 億元計算，每股稅前盈餘 0.2 元。

1.2　公司產品介紹

　　光環科技的產品主要爲 VCSEL，其主要異於其他雷射的地方是在於共振腔爲垂直而非水平，且共振腔底部亦可反射，故光源僅從頂端射出。此外，由於在晶圓階段即可進行測試，而非切割後才能測試，可節省製作成本。再者，VCSEL 更可將未經切割的數個雷射晶片封裝在同一個包裝內，而以陣列方式應用在如平行傳輸的用途上，可提高傳輸效率。因爲屬同一個晶圓所產出，其特性較爲接近，使得訊號耦合可維持一致，目前最多可一次封裝 12 個 VCSEL 雷射晶片在單一包裝內。

現今 VCSEL 主要用於 850nm 與 980nm，未來亦有可能發展出其他波長產品，由於 VCSEL 較過去區域網路所使用的發光二極體的耦合效率高、反應速度快，且成本又不至太高，因此較常應用於 Gigabit Ethernet，未來若能發展 1300nm 或其他波長的產品，市場潛力甚大。

光環科技的產品分為四種為：Chip、Components、Transmitter、Receiver

1. Chip：包括有 High performance VCSEL chip、GaAs PIN photodiode chip 及 InGaAs PIN photodiode chip 等三類。

2. Components：包括有 VCSEL TO-46 metal can for general purpose、High-speed VCSEL TO-46 metal can、GaAs PIN photodiode and PIN/TIA TO-46 metal can、GaAs PIN photodiode and PIN/TIA TO-46 metal can 及 InGaAs PIN photodiode and PIN/TIA TO-46 metal can VCSEL Epoxy molded for general purpose 及 VCSEL Epoxy molded for general purpose 等七類。

3. Transmitter：包括有 Connectorized 10/100 Mbps VCSEL 及 Connectorized High-speed VCSEL 等兩類。

4. Receiver：包括有 Connectorized High-speed InGaAs PIN、Connectorized High-speed GaAs PIN、Connectorized GaAs PIN plus Pre-amplifier 及 Connectorized GaAs PIN plus Pre-amplifier 等四種。

1.3 公司願景

光環科技外來主要產品方向依舊鎖定光主動元件部分，而其任務則在發展關鍵零組件的研發以提昇 VCSEL 性能，降低 VCSEL 的製造成本，並與其他廠商進行策略聯盟以擴展市場。

1.4 公司經營理念

光環科技是一個相當注重經營理念的公司，經營理念代表公司營運的基本哲學，就這方面光環科技設定四個經營理念，如下：

1. 每位員工都是獨特且有價值的公司資產

2. 公司成長及進步的主要動力來自於創新

3. 公司營運的基本目標是在提昇生活品質

4. 扁平化組織將凝聚員工目標以促使優良產品商品化

1.5 競爭優勢

國際大廠在 VCSEL 的開發上，也是經過很長的研發過程，只是國外公司規模大，所以能夠經得起長期不問收穫的投入。吳總經理表示「起先對於產品的定義，大家也都還不清楚。直到 1996 年開始，人們才開始把 VCSEL 晶粒封裝到金屬座(Metal Can)中，做成光纖連接器(Transmitter)。而在 HP、Honeywell、Motorola 等幾家大廠的推動下，面射型雷射才正式被列為光纖網路傳輸的標準元件。」

光環科技能夠在台灣的環境下擁有特殊的 VCSEL 技術，要歸功於交通大學黃凱風及戴國仇兩位教授所帶領的研究群。吳總經理強調，這個研發團隊以長於 8 年的研發時間，把技術一一推衍到可以量產、足以商品化的程度，包括磊晶成長、元件製程、測量、封裝、可靠度測試等必要的功夫都已經齊備。

目前全球投入 VCSEL 製造的業者包括 HP、Honey-well、Siemens、Mitel 及 Mode 等，光環科技算是後起之秀。不過，面對各大廠，光環科技卻頗有初生之犢不畏虎的氣魄。吳總經理認為，光環至少具有三大優勢：

一、產品技術上的優勢，只要產量提高，成本還會再下降。

二、技術團隊長期合作產生的默契，吳總經理認為這是相對優勢。

三、光環科技的產品規格十分具有競爭力。

1.6 產品發展策略

光環科技選擇先期以紅外光波長(850nm)的光纖傳輸模組(Transceiver)作為主力，未來一方面往短波長走，將推出紅光（波長 650nm）產品，應用在DVD、條碼閱讀機以及塑膠光纖；另一方面，長期研發主題則往上推出波長達到 1300nm 的產品，將可同時滿足數據傳輸(DataComm)與電信傳輸(TeleComm)的需求。除了發射的元件及模組外，光環也自行開發出檢光元件

(Photodiode)，讓客戶一口氣就能在光環找齊收、發兩端的配備。

新產品意味著風險，但是也是高利潤的代名詞。以目前投入該領域的歐美廠商而言，似乎都不是專打價格戰的「打手」，對此，吳總經理認為，光環科技比起其他行業別的科技業者，算是幸運的。

市場規模上，傳輸速率達到每秒 1.25 Gbps 光纖傳輸模組，在 97 年只有不到幾千個的銷售量，98 年已經成長到 30-40 萬個，99 年已經成長到 100-200 萬個，預計今年將以更快的速度往上竄，預估可達 300-400 萬個。吳總經理預估，數量需求大增的情形應該會出現在今年及明年。雖然目前在通信傳輸的世界裡，還是以每秒傳輸 10/100 M 位元的產品為主力，但是論及成長率，則 10/100 Mbps 的產品就大大不如 Gbps 的產品了。類似友訊、智邦等網路廠商，其所生產的交換器或集線器，未來一旦光纖環境成熟，也都會採用光纖通訊模組在其產品中。目前包括友訊及智邦都已經推出了 24 個纜線埠(Cable Port)搭配 2 個光纖埠(Fiber Port)的產品，對於這類合作，光環相當寄予厚望，雖然大環境的需求才是真正驅動的力量，然而成為 PC 的周邊產品，正是光環的最大夢想。

1.7　產品行銷策略

目前光環科技在產品行銷策略上採取來者不拒的作法，也就是客戶可以買晶粒，自己去包裝成元件或光纖連接器。當然要買元件、連接器或是光學傳輸模組，也相當歡迎。如今產品銷售以光纖傳輸模組佔有一半以上比例的情形，吳總經理說，他希望光環未來能繼續增加上游產品的銷售比重外，已積極地朝向下游做整合。透過對下游的整合其最大優點是可以驗證自己產品的優缺點，進而增加產品的良率及提昇產品的品質。

在國內外銷售方面目前光環科技的銷售比率約為 4：6，仍是以外銷佔較大部分。面對外國大廠的競爭下，產品的價格與品質其實已經都差不多了，主要還是看顧客的滿意程度。因此光環科技在對顧客服務上面著力蠻深，其目的也就是為了鞏固自有的銷售通路，以確保產品的基本銷售量。

1.8 產品品質管理

對於製造 VCSEL 的廠商而言，品質一直是各廠商努力的目標。光環科技在這方面亦是強調品質是製造、行銷以至於後續服務的基礎，因而公司也制定了兩大品質政策：

1. 顧客滿意(Customer Satisfaction)：符合顧客需求並超越顧客的期望
2. 品質改善(Quality Improvement)：透過持續的改善以傳遞於顧客

為了達成上述的兩個品質政策，光環科技於去年開始對所有的生產作業流程、行政業務及文件進行標準化以期望能通過 ISO9000 認證標準。

另外對於品質控制方面，光環科技從原物料的檢測、生產過程、成品檢查以至最後的出貨事宜都進行嚴密的檢測。

最後對於品質保障方面，光環科技希望能對所生產的產品及服務做到「Total Customer Satisfaction」。

1.9 人才培訓

談到人才召募，吳總經理坦言，面射型雷射最大的進入障礙是不易有直接人才。吳總經理說，以他為例，從中原大學電機系畢業後，考到交大電子研究所唸碩士及博士班，都還沒有接觸過面射型雷射，直到與指導教授張俊彥博士討論到博士論文之研究主題時，才到光電研究所找共同指導教授，然後開始學習這門學問。

目前光環科技的研發人才的來源主要是以工研院光電所及國內少數幾家光電研究所的研究人員及學生為主，至於工廠員工因技術層次較低皆由公司自行培育為主。

光環科技是全世界極少數能量產 VCSEL（面射型雷射二極體）的供應商，該公司除了提供自行研發的 VCSELMETAL CAN 等各種 850 波長的產品外，並已開始銷售各式速度在 1.25Gbps 以上的零組件產品，銷售以歐美地區為主，且積極與歐美大廠洽談 DATACOM 用磊晶片合作案。目前因為全球光通訊市場的不景氣將導致光環科技可能無法達成原先設定之應收目標，不過

可以預期的是在這波全球不景氣過後，雷射發光器的市場會因世界各大通訊廠刺激市場買氣而蓬勃發展。

第二節　競爭者分析─前鼎光電與嘉信光電

2.1　前鼎光電股份有限公司

　　國內第一家光通訊公司前鼎光電，預計最快於今年底或明年初正式掛牌上櫃，預估明年營收與獲利皆可以成長 25%，EPS 維持在 2～3 元之間。前鼎光電主要從事光主動元件，產品應用在光纖通訊上，將電轉為光的元件。而較特殊的是，前鼎光電為目前唯一獲得西門子認證的「純」光通訊公司。所謂「純」光通訊公司的意思，即產品百分之百都是光主動元件，異於國內其他電子公司僅小部份業務從事光通訊產品的製造，例如國碁及台達電等。

2.1.1　公司簡介

　　前鼎光電股份有限公司於 1996 年 7 月 1 日成立。為國內首家結合雷射焊接技術、膠固封裝技術、光電設計技術、電路設計技術等，從事於光纖通訊主動元件模組之設計、研發、製造之公司，並於 1999 年正式通過 ISO9001 認證。目前前鼎不但為國內最具規模之光纖通訊主動元件廠商，且產銷及開發中的產品皆居技術領先地位。

　　營業內容：

1. 資料儲存及處理設備製造業。
2. 有線通信機械器材製造業。
3. 無線通信機械器材製造業。
4. 電子零組件製造業。
5. 事務性機器設備批發業。
6. 電信器材批發業。
7. 電子材料批發業。

8. 事務性機器設備零售業。

9. 電信器材零售業。

10. 資訊軟體零售業。

11. 電子材料零售業。

12. 國際貿易業。

2.1.2　組織團隊

本公司技術團隊係出於工研院光電所、電通所、航太中心技術團隊及其策略性事業群中宏科技股份有限公司，具有光纖通訊、無線通訊所需之各類數位式收發模組及元件之專精技術，並在高頻與類比電路技術、光電元件技術等方面，具有深厚基礎及工作經驗，目前研發人員佔公司人力 20%以上。

2.1.3　產品介紹

本公司從事光纖通訊主動元件模組之生產製造，產品可分為兩大類：

(1) 光電元件模組。

(2) 光傳接模組。

光電元件模組產品中有發射和接收兩種，含有不同的發光波長及封裝方式，以供應不同系統使用;而光傳接模組則是以光纖網路(ATM, SDH, Ethernet, Fiber Channel,…)應用為主。

2.1.4　經營理念

企業成長繫於不斷地創新、突破、與自我要求，方能創造出生生不息的商機。前鼎光電本著「尊重員工、重視專業、共享共榮」之企業精神及「持續改善品質以達成客戶滿意」之品質政策，提供客戶合理價格與卓越品質之產品。同時為迎接 21 世紀數位資訊、通訊的來臨，以一步一腳印朝向國際化全方位邁進，並於 1999 年獲得 ISO9001 認證。未來，我們將秉持著「技術創新、品質卓越、客戶滿意」之經營理念，與上、下游通力合作，以追求企業穩健成長。

2.1.5 企業願景

前鼎光電成立之初即以「關鍵性零組件及技術提供者」之公司定位--研發、製造出光纖通訊產品元件，憑藉著人本精神之企業文化及專業務實之經營理念，期許成為世界最好的光纖通訊產品製造商之一，並維持國內同業間研發、製造、生產一貫作業領導者之地位。

以「藉由前鼎光電 — 將世界縮成一步之遙」作為企業願景，規劃未來方向為：

- 近期：競爭優勢化 — 提昇產品製程能力，加強顧客滿意度，以達到競爭優勢。
- 長期：企業國際化 — 加速公司信譽之建立，並積極擴展海外市場。

2.2 嘉信光電股份有限公司

2.2.1 公司簡介

嘉信光電成立於 1996 年 11 月 21 日，公司地址位於新竹縣湖口工業區，董事長為鄭崇華先生，總經理為黃呈嘉，公司營業內容包括可見光雷射二極體及模組、通訊用雷射二極體及模組及醫療用高功率雷射二極體及模組等等，在 2001 年 3 月被國外知名大廠 MRV 併購。

2.2.2 組織團隊

嘉信光電之團隊係出自工研院光電所和電通所，研發人員約佔總人數之25%，專長於高頻高功率雷射技術、光電通訊和磊晶製程，此外，研發團隊在無線通訊用收發模組之類比設計上均有豐富的經驗和紮實的基礎。

2.2.3 產品介紹

1. DFP 雷射二極體
2. 光檢測器
3. 光訊號收發器
4. DVD 讀取頭

2.2.4 經營理念

「客戶、員工、技術」是嘉信的三大經營理念，提供客戶滿意的產品和一致的服務，是嘉信最重要的責任；提供員工良好的福利，是嘉信的基本義務；致力研發尖端技術以應用在光電元件上，是嘉信的發展宗旨。

2.2.5 企業願景

1. 成為全球性的光纖元件大廠。
2. 加強客戶服務，建立市場聲譽。
3. 網羅全球之優秀人才。
4. 提升台灣在光電產業的國際形象。

第三節 前鼎、嘉信的策略比較

3.1 市場概況

由下表可看出，前鼎和嘉信的市場仍以台灣內銷市場為主，外銷比例甚低，這是因為國外大廠已在歐亞洲立基甚久，故台灣廠商目前無法在國外有太多揮灑空間。

表 8-1　前鼎與嘉信的銷售市場分析表

	嘉信	前鼎
內銷	95.4%	80.1%
美洲	0.2%	3.7%
歐洲	2.5%	5.1%
亞洲及其他地區	1.9%	11.0%
合計	100%	100%

資料來源：前鼎光電、嘉信光電(2000 年)

3.2 市場佔有率

表 8-2　前鼎與嘉信的市場佔有率分析表

2000年前鼎市場佔有率	前鼎出貨總值: 67152 我國出貨總值: 710000 市佔率: 9.56%
2000年嘉信市場佔有率率	嘉信出貨總值: 50320 我國出貨總值: 710000 市佔率: 7.23%

資料來源：工研院 IT IS 計畫(2001)

由上表可知，前鼎和嘉信佔國內出貨總值比例均不高，因此未來如何結合核心技術來發展成為國內領導廠商，就成為這兩家公司最大的挑戰。

3.3 競爭策略分析比較

嘉信光電致力於生產合理化以降低成本。與上游廠商密切配合，以順利掌握原料來源。積極學習新技術和新製程。與國外大廠合併，提升整體競爭優勢。

前鼎光電較著重加速產品開發時程，避免競爭對手惡性削價競爭。重視研發，領先開發高功能低成本的產品。差異化的商品設計，以滿足顧客需求。加強與國內外資訊大廠的合作關係。

第四節　競爭優勢策略分析模式

4.1 企業核心資源分析

我們訪談了光環的高層主管，透過光環科技企業本身之價值鏈分析，我們可以歸納出其關鍵成功因素。

表 8-3　企業之關鍵成功因素

	企業價值鏈之經營優勢分析	核心資源
基礎結構購面	組織扁平化 沒有老舊企業官僚化的包袱	組織結構
	研發與工程人員之積極性的態度 研發經理的高整合能力	企業文化
人力資源購面	人才先期培育的優勢 研發部與客服部皆參與市場調查 嚴格的績效考核制度	人事制度與教育訓練
	技術團隊產生的默契 人才先期培育的優勢	員工忠誠與向心力
	與學術單位方面的合作 產品應用上的技術優勢 研發與製造單位的整合	資訊的掌握
技術發展購面	能自行開發出元件、模組與檢光元件	智財權的掌握
	擁有磊晶成長、元件製程、測量、封裝、可靠度測試等能力 利用工研院的先進技術	製程技術創新能力
	擁有磊晶成長、元件製程、測量、封裝、可靠度測試等能力 面射型雷射技術的自行開發	元件設計整合
對外採購關係購面	與國內光電、通訊廠商的結盟 上、下游的整合	零組件採購彈性
	與國內光電、通訊廠商的結盟 快速迅捷的溝通方式	與供應商之關係
內運後勤	與學術單位方面的合作 與工研院的合作	後勤支援能力
	快速解決問題的能力	庫存管理能力
	能經的起長期不問收穫的投入 結合國科會經費 研發投入成本極大	財務運作能力
生產作業購面	快速解決問題的能力 面射型雷射技術的自行開發	生產彈性的掌握
	快速解決問題的能力	生產效率的掌握

	企業價值鏈之經營優勢分析	核心資源
行銷 銷售 購面	市場時機上的掌握 上、下游的整合	目標市場的掌握能力
	行銷策略採彈性原則 使客戶能一口氣滿足 滿足客戶特殊產品的需求	顧客回應
產品 服務 購面	行銷策略採彈性原則 使客戶能一口氣滿足 研發與顧客需求的直接結合	客製化能力
	技術團隊產生的默契 能自行開發出元件、模組與檢光元件	產品創新程度

　　之後，透過我們歸納的結果，將其設計成問卷，並將問卷發給光環、其競爭者（前鼎光電、嘉信光電）與其顧客（台達電、鴻海），希望能透過問卷，能客觀的找出光環的相對競爭優勢。

表 8-4　調查問卷樣本資料　　　　發出問卷：30 份

問卷分析種類	受訪對象	有效問卷	受訪人員背景
企業核心資源	光環	17	行銷、製程、R&D、工程師及部門主管人員
產業關鍵成功要素	光環	17	行銷、製程、R&D、工程師及部門主管人員
	嘉信 前鼎	22 16	製程、R&D、行銷部門主管及職員
顧客需求	鴻海 台達電	19	工程師、業務人員及部門主管人員
企業策略意圖	光環	17	行銷、製程、R&D、工程師及部門主管人員

　　每一項的企業核心資源項目，在經過光環內部員工的問卷調查及討論而取得共識後，整理如下表：

表 8-5　光環科技核心資源評量結果　　有效問卷：17 份

核心資源項目	影響種類	影響性質	影響強弱
組織結構	O	S	3.88
企業文化	O	S	3.76
人事制度與教育訓練	O	S	3.94
財務運作能力	O	S	3.82
員工忠誠與向心力	O	S	3.52
資訊的掌握	P1,P2	I	3.82
智財權的掌握	P1,P2	BT	3.82
零組件採購彈性	P2,O	I	3.41
與供應商之關係	O	I	3.82
後勤支援能力	P2,O	S	4.06
庫存管理能力	P2,O	I	4.12
生產彈性的掌握	P2	I	4.06
生產效率的掌握	P2	I	4.06
製程技術創新能力	P2	BT	4.18
元件設計整合	P1,P2	I	4.29
目標市場的掌握能力	P1	I	3.65
顧客回應	P1	S	4.18
客製化能力	P1	S	4.18
產品創新程度	P1	I	4.18

接著，我們將整理之結果繪成企業優勢創新矩陣，如下圖：

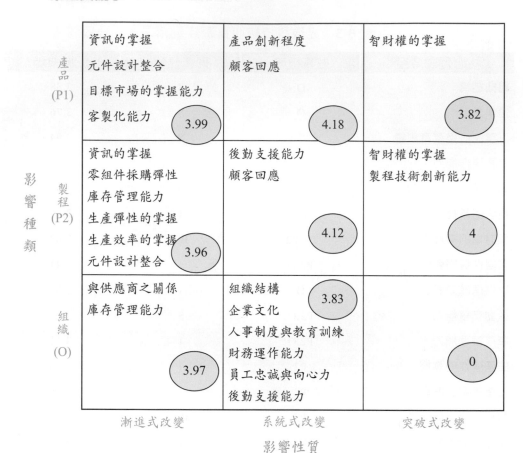

圖 8-2　光環科技之企業優勢創新矩陣

由此圖我們可以瞭解光環科技在「產品創新程度」、「顧客回應」、「後勤支援能力」、「顧客回應」等方面有較好的表現。

4.2　產業關鍵成功因素

由於本研究使用的變數為四十項，故先利用因素分析法找出各變數之間的共同因子。首先，進行因素的抽取，根據 Kaiser 原則，選出特徵值(Eigenvalue)大於 0.75 的因素，再以因素負荷量大於 0.5 為判斷標準，選出相對應的變數後再分別予以命名，以此決定出產業關鍵成功因素。

茲將各策略群組的因素命名，及所涵蓋的策略變數描述如下：

A. 獨特技術能力：

因素 1：包括產品創新及新穎性、培養技術人才、品質管制能力、共有價值觀變數；這些變數和創新與研發有關，故將這些因素命名為「創新與研發能力」。

因素 2：技術部門與其他部門的綜效發揮、目標市場的掌握、生產導向的產品設計，故將這些因素命名為「研發團隊的整合能力」。

因素 3：包括關鍵零組件自製能力、新技術預測與學習能力、加強與國外廠商技術合作變數；這些變數與關鍵技術的掌握有關，故將此命名為「外來技術合作的掌握能力」。

因素 4：包括市場情報及預測、技術知識資料庫建立、足夠研發資源有關，所以將其命名為「研發資料庫完整性的掌握能力」。

表 8-6　獨特競爭能力群組之因素構面及命名

因素	因素構面	因素命名
1.	產品創新、新穎性 培養技術人才 品質管制能力 製程創新	產品製程創新能力
2.	技術部門與其他部門的綜效發揮 目標市場的掌握 生產導向的產品設計	研發團隊的整合能力
3.	關鍵零組件自製能力 新技術預測與學習能力 加強與國外廠商技術合作	外來技術合作的掌握能力
4.	市場情報及預測 技術知識資料庫建立 足夠研發資源	研發資料庫完整性的掌握能力

B. 低成本營運能力：

茲將各因素之命名及所涵蓋的策略變數描述如下：

因素 1：包括生產技術能力、生產規劃能力、生產導向的產品設計、管理能力變數；這些變數皆導因於規模經濟，故可將之命名為「規模經濟優勢」。

因素 2：包括與供應商的關係、原料來源的穩定性、採購能力、訂貨與交貨效率變數；這些變數與零組件的採購有關，故可將之命名為「原料來源掌控能力」。

因素 3：包括配送品質與效率、進退貨資訊掌握、庫存管理、交貨穩定性變數；這些變數皆與後勤支援有關，故可將之命名為「交貨穩定度的控制能力」。

因素 4：包括品質管制能力、新技術預測與學習能力、生產操作能力有關，故可將之命名為「產品良率的控制能力」。

因素 5：包括有員工忠誠與向心力、任用與教育訓練、制度的配合變數，這些變數與員工的人事管理有關，故可將之命名為「員工忠誠與教育訓練制度」。

表 8-7　低成本營運能力群組之因素構面及命名

因素	因素構面	因素命名
1.	生產技術能力 生產規劃能力 生產導向的產品設計 管理能力	規模經濟優勢
2.	與供應商的關係 原料來源的穩定性 採購能力 訂貨與交貨效率	原料來源掌控能力
3.	配送品質與效率 進退貨資訊掌握 庫存管理 交貨穩定性	交貨穩定度的控制能力
4.	品質管制能力 新技術預測與學習能力 生產操作能力	產品良率的控制能力

因素	因素構面	因素命名
5.	員工忠誠與向心力 任用與教育訓練 制度的配合	員工忠誠與教育訓練制度

C. 市場導向經營：

茲將各因素之命名及所涵蓋的策略變數描述如下：

因素 1：包括顧客導向產品設計、目標市場的掌握、培養管理人才、市場情報及預測變數；這些變數與顧客需求有關，可將其命名為「顧客導向的產品設計與製造能力」。

因素 2：包括通路管理與控制、共有價值觀、配送品質與效率、進退貨資訊掌握變數；這些變數與通路的管理有關，可將其命名為「與顧客溝通網路的建立」。

因素 3：包括產品創新及新穎性、技術部門與其他部門的綜效發揮、品質管制能力變數；這些變數與產品創新有關，可將其命名為「元件設計的創新能力」。

因素 4：包括強調品牌、服務形象、對外關係、共有價值觀、管理態度變數；這些變數與品牌與企業形象有關，故可將之命名為「建立品牌與互信基礎的能力」。

因素 5：包括有產品功能的實用性、銷售人員素質、一般性的服務變數，這些變數與服務及產品功能有關，故可將之命名為「顧客長期關係的建立能力」。

表 8-8　市場導向經營群組之因素構面及命名

因素	因素構面	因素命名
1.	顧客導向產品設計 目標市場的掌握 培養管理人才 市場情報及預測	顧客導向的產品設計與製造能力

因素	因素構面	因素命名
2.	通路管理與控制 共有價值觀 配送品質與效率 進退貨資訊掌握	與顧客溝通網路的建立
3.	產品創新、新穎性 技術部門與其他部門的綜效發揮 品質管制能力	元件設計的創新能力
4.	強調品牌、服務形象 對外關係 廣告及促銷技巧 管理態度	建立品牌與互信基礎的能力
5.	產品功能的實用性 銷售人員素質 一般性的服務	顧客長期關係的建立能力

D. 多元化經營：

　　茲將各因素之命名及所涵蓋的策略變數描述如下：

　　因素 1：包括目標市場的掌握、廣告及促銷技巧、強調品牌及服務形象變數；這些變數與市場領導位置有關，故可將其命名為「市場領導優勢」。

　　因素 2：包括新技術預測與學習能力、顧客導向的產品設計、與國外廠商技術合作關係、足夠的研發資源變數；這些變數與技術是否能多方向的運用有關，故可將其命名為「新技術預測與學習能力」。

　　因素 3：包括制度的配合、組織結構特色、培養管理人才、貿易法規與相關因素變數；這些變數與組織的制度與管理有關，可將之命名為「法規與組織管理能力」。

　　因素 4：包括技術部門與其他部門的綜效發揮、生產規劃能力、市場情報及預測、進退貨資訊掌握；這些變數與品牌與產品的多樣化有關，所以可將之命名為「多元化技術掌握能力」。

表 8-9　多元化經營之因素構面及命名

因素	因素構面	因素命名
1.	目標市場的掌握 廣告及促銷技巧 強調品牌及服務形象	市場領導優勢
2.	新技術預測與學習能力 顧客導向的產品設計 與國外廠商技術合作關係 足夠的研發資源	新技術預測與學習能力
3.	制度的配合 組織結構特色 培養管理人才 貿易法規與相關因素	法規與組織管理能力
4.	技術部門與其他部門的綜效發揮 生產規劃能力 市場情報及預測 進退貨資訊掌握	多元化技術掌握能力

4.2.1　產業關鍵成功因素彙總

綜合上述分析，我們可將四大競爭群組上的各關鍵性成功因素，歸納如下：

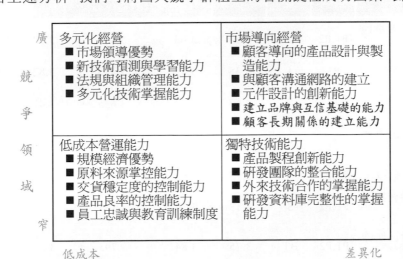

圖 8-3　四大競爭群組之關鍵成功因素

　　從上述四大競爭策略群組的關鍵成功因素分析中，我們可以瞭解在不同的競爭策略群組之間，存在著不同的產業關鍵成功因素。對企業經營者而言，在分析及瞭解了不同關鍵成功因素間的差異後，便可依據企業本身所能掌握的成功因素，來進行企業的策略性定位。除了能充份發揮企業所擁有的產業成功因素優勢外，更能進一步累積及培養所缺少的成功因素。

4.2.2　產業關鍵成功因素之創新性分析

　　在瞭解光環科技現階段所面對的直接及間接競爭者後，接下來，我們將以光環科技現階段在光通訊產業中最具威脅的競爭者嘉信科技與前鼎科技往多角化經營轉型所遭遇的對手公司為例，進行光環與嘉信、前鼎在產業關鍵成功因素上的創新評量，用以瞭解宏碁與競爭者對產業關鍵成功因素的掌握程度。

表 8-10　光環科技產業關鍵成功因素之創新評量

產業關鍵成功因素	創新種類	創新性質	創新評量強弱				差額(5) =(4) − (3)
			前鼎(1)	嘉信(2)	競爭對手(3) =[(1) + (2)]/ 2	光環(4)	
1.多元化技術掌握能力	P1,P2	S	3.93	3.68	3.805	3.53	-0.275
2.市場領導優勢	P1	I	3.38	3.45	3.415	3.82	0.405
3.法規與組織管理能力	O	S	3.63	3.64	3.635	3.47	-0.165
4.元件設計的創新能力	P1	S	3.38	3.55	3.465	4.29	0.825
5.製程創新能力	P1,P2	S	3.75	3.91	3.83	3.59	-0.24
6.新技術預測與學習能力	P1,P2	S	3.13	3.14	3.135	3.7	0.565
7.外來技術合作的掌握能力	P1,P2	BT	3.75	3.84	3.795	3.59	-0.205
8.研發團隊的整合能力	P1,P2	BT	3.63	3.68	3.655	4.12	0.465

產業關鍵成功因素	創新種類	創新性質	創新評量強弱				差額(5) = (4) − (3)
			前鼎 (1)	嘉信 (2)	競爭對手 (3) = [(1)+(2)]/ 2	光環 (4)	
9.研發資料庫完整性的掌握能力	P1,P2	S	3.25	3.32	3.285	3.88	0.595
10.員工忠誠與教育訓練制度	O	S	3.06	3.23	3.145	3.41	0.265
11.規模經濟優勢	P2	I	3.93	3.91	3.92	3.53	-0.39
12.產品良率的控制能力	P2,O	I	3.56	3.41	3.485	3.88	0.395
13.原料來源掌控能力	P2,O	I	3.38	3.27	3.325	3.53	0.205
14.交貨穩定度的控制能力	P2,O	S	3.63	3.68	3.655	4.06	0.405
15.顧客長期關係的建立能力	P1	I	3.5	3.45	3.475	4.06	0.585
16.顧客導向的產品設計與製造能	P1	I	3.93	3.91	3.92	4.24	0.32
17.與顧客溝通網路的建立	P1	BT	3.56	3.36	3.46	3.82	0.36
18.建立品牌與互信基礎的能力	P1,O	BT	3.75	3.64	3.695	3.41	-0.285

評量標準：

影響種類	影響性質	創新評量強弱
P1 (Product)：產品 P2 (Process)：製程 O(Organization)：組織	I (Incremental)：漸近性 S (System)：系統性 BT (Breakthrough)：突破性	為問卷評量之評量平均值

由上表的分析歸納，我們可以分別得出競爭者前鼎、嘉信與光環在產業關鍵成功因素上之創新矩陣，如圖 8-4 所示。

圖 8-4　關鍵成功因素之創新矩陣

彙總產業關鍵成功因素的創新類別，及產業優勢創新矩陣與競爭對手創新矩陣的評量差異，如圖 8-5 所示，我們可發現一些較為重要的策略涵義：

(1) 在製程的漸近性(P2×I)創新活動及製程上的系統性(P2×S)創新活動上，光環科技略微落後其競爭對手。

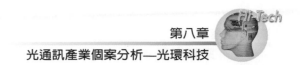

此部份的影響主要來自於生產與製造的規模經濟優勢、零組件採購及來源的掌探，以及組織整體配合的運籌管理能力。

(2) 在組織的突破性(O×BT)創新活動上，光環科技對關鍵成功因素的掌握力明顯不足。

此部份主要的影響因素來自於對品牌與企業形象及產品規格制定等產業關鍵成功因素的掌握能力不足。

(3) 在產品的突破性(P1×BT)創新活動上，光環科技有著略微領先的優勢。此部份最主要的影響因素源自於光環科技在產品獨特技術上的優勢。

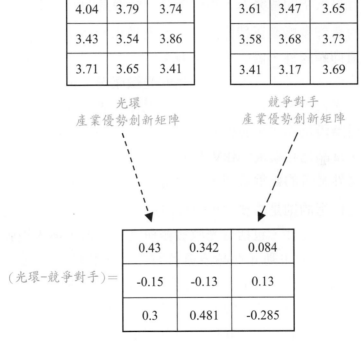

圖 8-5　產業關鍵成功因素創新評量彙總

4.3 顧客需求分析

對企業經營者而言，如何發掘顧客、瞭解並滿足顧客需求，實為企業經營的最大挑戰。接下來，我們將繼續針對市場構面的顧客需求因素進行分析。

4.3.1　顧客區隔與需求分析

在主動元件方面，由以往講究高功率、傳輸距離長的 DFB 、FP 雷射往 LED、VCSEL、低價光收發模組移動；在光被動元件方面，由傳統的被動元件往 DWDM 系統、小型連接器等發展，我國光主動元件（包含光纖放大器、發送器及接收器）則因為技術難度及資金需求均較高，投入廠商較少，且關鍵零組件以進口居多，產品較偏向組裝，1999 年國內產值約 2700 萬美元，預計 2000 年時國內產值將達 3900 美元，主要廠商有光環光電、嘉信光電、前鼎光電、得迅光電、新怡立科技等，由於此部份的產品無論技術或資本規模的進入障礙都較高，我國光主動元件目前仍屬啟蒙期，國內廠商還處於起步階段，尚有很大空間待努力，相信還有一段漫長的路要走。

目前國內有許多廠商正積極投入研發光纖相關產業，但由於光纖產業的關鍵技術皆須仰賴國外，儘管國內擁有資金充沛及過去個人電腦產業所建構的豐富專業代工、分工經驗，面對陌生的光纖產業，仍有許多發展瓶頸有待突破。台灣在光電產業的發展不餘遺力，惟投入光纖通訊的技術仍薄弱，因此國內廠商現階段仍為起步發展，宣示意義大於實質意義，而現在光纖大廠，上詮、嘉信、韋晶已相繼被 MRV 購併，國內其他業者是否能就此突破技術障礙，擺脫國外業者的競爭重圍，有待密切觀察發展趨勢。

光主動元件指的則是需要利用電能進行光電（或電光）訊號的轉換，或是將光訊號放大的元件，包括有光收發器與光放大器，與光被動元件最大的不同點在於，由於光主動元件必須擔負有光電訊號轉換或強化光訊號的能力，因此雷射二極體(Laser Diode)在該類元件中扮演有極重要的角色。國內如台達電已開始生產該類元件。國內精碟與鴻海所生產的 DWDM 濾光鏡或模組則屬於光被動元件的一種，其原理簡單來說是將多個光訊號耦合進入一條光纖後，至接收端再予以分開，透過 DWDM 技術，可使得原來僅能傳輸一個光訊號的光纖，產生數倍效益，以減少光纖鋪設的成本。而鴻海預計發展的 DWDM 另一技術 AWG 晶片，相較於目前最多僅能同時傳輸十六個光訊號的濾光鏡技術而言，其可傳輸光訊號的數量更多，國外甚至已經完成同時傳輸一百二十八個光訊號的產品應用。

由於全球光通訊市場集中在歐美地區，主要產品規格皆為歐美大廠制定，故以往台灣進入廠商不多，光纖主被動元件領域商更是付諸闕如，但一方面隨著國內電信開放，網路事業興起，對寬頻需求大增，一方面光纖產業逐漸成熟，有利國內廠商長於製造的優勢，因此近年來逐漸吸引廠商投入，目前國內光纖通訊領域廠商已近 50 家，且新公司仍不斷醞釀增加中，逐漸建構台灣光纖通訊產業結構，中華電信是國內光纖主要用戶，擁有多項元件與設備技術，在正式民營化後將逐漸拓展業務，後續發展值得注意。

4.3.2 顧客需求之創新性分析

接下來我們將彙整光環科技之主要下游廠商，與委託其進行客製化製造廠商的不同需求項目，進行創新性分析，其分析結果如下所示。

表 8-11 顧客需求特性之創新性分析

顧客需求項目	影響種類	影響性質	評量強弱
品質	p1	I	4.59
價格	p1	I	4.37
交貨速度	p2	S	4.05

	I	S	BT
P1	品質 價格 4.48	設計服務 產品可靠度 產品種類選擇 4.157	0
P2	售後服務 4.39	交貨速度 設計服務 產品可靠度 4.243	0
O	財務考量 售後服務 4.055	0	0

圖 8-6 顧客需求創新矩陣

　　彙總上述的創新性評量結果，可歸納出「顧客需求創新矩陣」（如圖8-5），藉此以瞭解光環科技對其下游廠商與提供客製化需求之協力廠商，對光主動元件的創新性要求及需求程度的強弱。

　　從上述客需求創新矩陣分析結果中，我們可以推論出下列幾項的策略性意涵：

1. 整體而言，顧客對廠商突破性的創新活動要求較低，顯示光主動元件的發展尚未趨成熟，而少有顧客對此創新技術的要求。

2. 在產品的漸進式(P1×I)需求程度較高，顯示對光主動元件的品質、價格要求較高。

3. 在製程的漸進性(P2×I)與系統性(P2×S)創新活動上的要求程度較高，顯示顧客對售後服務、交貨速度、產品可靠度以及設計服務等要求較高。

4.4 企業策略意圖

　　透過訪談，我們將光環之策略意圖亦做出一創新矩陣，如下圖：

表 8-12　光環科技企業目標及策略意圖之創新評量結果

企業目標與意圖策略	影響種類	影響性質	評量強弱
1. 積極開發全球市場	P1,P2,	S	3.35
2. 完成向下整合	P1,P2,O	S	4.06
3. 完整通路的擴充	P1,O	S	4.12
4. 2001 年的營業額達到 10 億台幣	P1,P2,O	I	3.65
5. 提升 VCSEL 商業化能力	P1,P2	BT	4.12
6. 擴大人才來源的取得	O	S	4.18

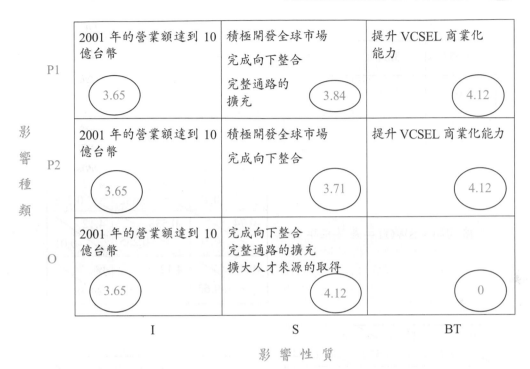

圖 8-7　光環科技企業目標與策略意圖之創新評量

4.5　差異性分析

　　將「光環的創新 SWOT 矩陣」減去「策略意圖矩陣」，可以求得一「差異矩陣」，如下圖所示。由差異矩陣的結果，近一步檢視光環現階段所擬定的目標及策略意圖，是否能發揮組織所擁有的實質競爭優勢，以及對市場機會的掌握程度，彙總分析的結果如下：

策略意圖矩陣

3.65	3.84	4.12
3.65	3.71	4.12
3.65	4.12	0

差異矩陣

-0.83 -0.77	-0.317 -0.682	4.12 0.216
-0.74 -0.16	-0.538 -0.285	4.12 -0.01
-0.405 -0.62	4.12 -0.191	0 0.285

策略意圖－SWOT＝差異矩陣

SWOT 矩陣

4.48 4.42	4.157 4.522	0 3.904
4.39 3.81	4.243 3.99	0 4.13
4.055 4.27	0 4.311	0 -0.285

圖 8-8　光環科技企業差異矩陣

註：

(＋) 表示企業野心程度：企業策略意圖及目標超過外在環境所能提供的機會，或超過現階段企業所擁有的資源與能力。

(－) 表示企業保守程度：企業策略意圖及目標未能掌握外在機會，或未能充分發揮企業所擁有的資源與能力。

4.6 差異性分析矩陣

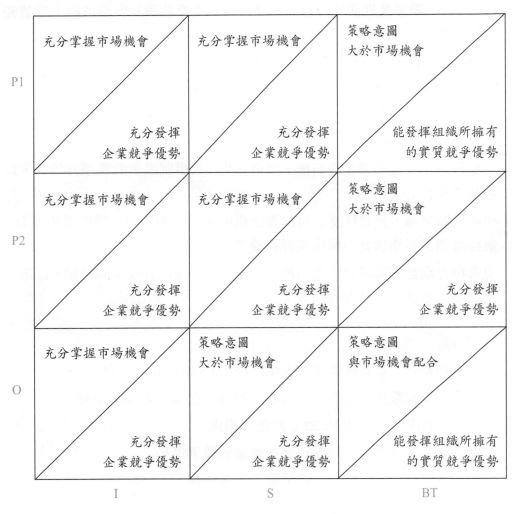

圖 8-9 差異性分析矩陣

4.7 結論

透過分析，我們可以瞭解到光環科技所擁有的優勢包括：

1. 光環科技本身在產品創新程度、顧客回應、元件設計整合與客製化能力方面有較佳的優勢。

2. 就產業關鍵成功因素來說，光環科技在元件設計的創新能力、研發團隊的整合能力、顧客長期關係的建立與顧客導向的產品設計與製造能力有著較佳的優勢。

3. 在(P1xI)、(P2xI)、(OxI)、(P1xS)、(P2xS)及(OxBT)的創新活動上，光環皆能充分掌握市場機會，表示其在擁有先進技術的前提下，亦能找出適當時機做切入；但面對未來，仍需更加努力累積能力，以晉身國際大廠。

　其次，光環本身的弱勢則有：

1. 光環科技本身需加強組織結構、企業文化、人事制度與財務運作能力，以增加本身核心能力。

2. 在產業面來看，光環科技必須加強法規與組織管理能力、製程創新能力、新技術預測與學習能力與規模經濟優勢。

3. 前鼎和光環都較偏重於研發的部份，而嘉信則優於其成本的控制，這部份是值得光環學習與參考的地方。

4.8　建議

1. 可朝下游整合，以提供顧客一次購足(Total Solution)的服務。

2. 擴大人才來源取得，包括吸引大陸、美國等先進人才回國服務。

3. 積極研究與開發，增加 VCSEL 的應用範圍。

4. 與相關廠商策略聯盟，以提升整體產業的競爭優勢。

5. 強化品牌與形象方面，以使企業帶來更多利潤。

問題與討論

1. 光環科技所具有的三大競爭優勢。

2. 嘉信光電與前鼎光電之競爭策略有何不同之處？

3. 產業關鍵成功因素為何？

4. 光環科技所擁有的優勢？

5. 試就此產業提出你的建議。

個案分析（光顯示器－中強光電）

9

第一節　中強光電公司簡介

　　中強光電創立於民國 81 年，為股票上櫃公司，從事大型液晶系統產品研發、製造及銷售，產品包括液晶投影機、液晶監視器、液晶終端機、背光板及背投式電視之生產及銷售。創立後歷經三年的研發投入期，在 84 年度的首度轉虧為盈，便創造了 2.42 元的每股稅後盈餘，此後開始便進入了收穫期，獲利狀況呈現逐步的成長，87 年 11 月自有的廠辦大樓落成後，原本分散於各處的生產據點得以集中，88 年受金融風暴的影響，提列了不少為母公司中強電子的護盤虧損，89 年下半年起，逐漸切開與母公司中強電子的臍帶，董、監組織改由原管理階層來主導。

第二節　公司概況

1. 公司成立於民國 81 年 6 月 30 日
2. 總公司地址：新竹科學工業園區力行路 11 號，電話：(03)577-2000
3. 資本額：新台幣 11 億 6 千萬餘元
4. 員工數：1200 人（88 年 12 月 31 日）
5. 董事長：張威儀先生
6. 總經理：張威儀先生
7. 營業額：86 年新台幣 24 億餘元，87 年新台幣 36 億元，88 年新台幣 82 億元，89 年新台幣 120 億元（預估）
8. 經營業務之內容：
    a) Projector 各式投影機之研發、製造及銷售
    b) LCD Monitor 液晶監視器之研發、製造及銷售
    c) LCD 之發光元件－背光板之研發、製造及銷售
    d) 背光板所需壓克力板之設計、製造及銷售
    e) 提供上述產品之技術協助、諮詢、檢驗、維修與修理服務

f) 新產品之開發：LCD Windows-Based Terminal 液晶視窗終端機、Plasma Monitor & TV 電漿監視器及電視、Real-Projection Monitor & TV 背投顯示器及電視

9. 產品開發策略：開發具發展潛力的導入期產品，累積產品開發、銷售、製造經驗，以求進入成長期享有領先優勢

10. 公司組織依產品功能別分為：營運中心、系統產品事業處、投影產品事業處、顯示產品事業處、背光板/模組產品事業處

11. 海外子公司分佈於美國、英國、日本、韓國、香港、新加坡六個地點

第三節　公司沿革

以下為中強光電公司之發展沿革：

表 9-1　公司沿革史

81.07	正式於新竹科學園區設立，實收資本額新台幣一億元
81.09	完成 LCD 模組之技術開發及生產
81.10	完成背光板模組之技術開發及生產
81.10	LCD 投影板之遮光結構獲德國、美國及國內的多項專利
82.02	在日本東京設立子公司 – CTX JAPAN 株式會社
82.03	LCD 監視器獲美國、德國新式樣專利，同年 7 月亦獲台灣新式樣專利
82.04	完成 LCD 監視器之技術開發及生產
82.05	LCD 監視器之機構獲德國及美國專利
82.06	LCD 監視器及 LCD 投影板獲入圍台北電腦展最佳產品
83.08	背光板獲得日本顯示器背光板光源結構改良專利
83.10	現金增資新台幣 4,500 萬元，實收資本達 1 億 4 仟 5 佰萬元
84.03	新購湖口廠開始試產背光板用之壓克力
84.05	成立 CTX Opto INC.子公司於美國加州 SUNNYVALE，股權佔 100%
84.06	背光板獲得日本 LCD 背光板改良結構專利

84.08	背光板獲得日本背光源用光線反射器專利
84.08	新增租科學園區工業東九路 22 號 1F 廠房 387 坪
84.10	液晶投影機 EzPro 5XX 系列新產品上市
85.04	EzPro500 榮獲經濟部國貿局頒台灣精品標誌
85.05	單月營業額突破新台幣 1 億元
85.10	成立 CTX Opto(China&H.K) Ltd.子公司於香港，股權佔 100%
86.01	現金增資 1 億元，實收資本額達 2 億 4 仟 5 佰萬元
86.01	Pano View 745 榮獲經濟部國貿局獲頒台灣精品標誌
86.03	背光板獲得台灣背光源用光線反射器專利
86.04	財政部證期會核准為股票公開發行公司
86.06	天下雜誌 1,000 大台灣製造業排名第 770 名
86.07	科學園區自建 10,000 坪廠房動工興建
86.07	成立 CTX Opto Europe 子公司於英國倫敦，股權佔 100%
86.08	液晶投影機 EzPro 6XX 系列新產品上市
86.09	成立 CTX Opto Asia Pacific 子公司於新加坡，股權佔 51%
86.09	新增租創新一路五號六樓，廠房 528 坪
86.09	通過 ISO 9002 品質認證
86.10	完成 "設有熱流擾動現象防止裝置之液晶投影機" 獲得國內及美、日、德等專利
86.11	EzPro600, EzPro550M/580 榮獲經濟部國貿局頒台灣精品標誌
86.11	現金增資 1 億 5,000 萬元，實收資本額達 3 億 9 仟 5 佰萬元
86.11	成立湖口分公司以產銷壓克力及背光板
87.03	EzPro600 獲得美國 Presentation Magazine 評比得到最高分五分的榮譽
87.06	天下雜誌 1,000 大台灣製造業排名第 375 名
87.08	盈餘暨資本公積與員工紅利轉增資，實收資本額達 6 億 2 仟 2 佰 8 拾 3 萬 2 仟 8 佰 5 拾元
87.10	財政部證券暨期貨管理委員會核准股票上櫃買賣
87.12	新竹科學園區力行路 11 號自建廠房落成啟用
88.01	股票正式掛牌上櫃買賣
88.05	盈餘暨資本公積與員工紅利轉增資共計 3 億 4 仟 1 佰 7 拾 5 萬 9 仟零 6 拾元，實收資本額達 9 億 6 仟 4 佰 5 拾 9 萬 1 仟 9 佰 1 拾元

資料來源：中強光電 2000 年年報

第四節　業務產銷及營運狀況

4.1　業務內容

中強光電所營業務之主要內容為研究、開發、生產、製造、銷售投影機、液晶顯示器及液晶背光板等業務。中強光電目前主要產品之營業比重如下：

表 9-2　中強光電主要產品營業比重

產　　品	營　業　比　重（％）
投影機	35.67 %
液晶顯示器	51.83 %
液晶背光板及其他	12.50 %
合　　計	100.00 %

資料來源：中強光電 2000 年年報

本研究係針對投影機產業之策略分析，故而其他系列產品在此不另討論。

目前投影機用於電腦資料及視訊影像信號之大畫面之投影顯像。現有產品如下：

表 9-3　中強光電線有投影機產品

類　　別	主　要　產　品	
液晶投影機 (LCD Projector)	EzPro500	（6.4 吋，　640*800）
	EzPro540M	（6.4 吋，　800*600）
	EzPro585M	（6.4 吋，　800*600）
	EzPro610	（1.3 吋*3, 800*600）
	EzPro680	（1.3 吋*3, 1,024*768）

資料來源：中強光電 2000 年年報

計劃開發之新商品為輕型投影機，並積極研發液晶、DLP 及 LCoS 投影機所需之關鍵零組件及引擎。透過與 SHARP 之技術合作，預計於 2001 年十月間推出 5 磅之可攜式投影機，十月月間推出 3 磅之機種。

4.2 市場及產銷概況

4.2.1 主要商品之銷售地區

表 9-4 中強光電主要產品銷售地區

單位：新台幣仟元

年度	89 年度		88 年度	
地區	金額	%	金額	%
內　銷	1,138,205	9.46	359,804	4.38
外　銷	10,893,815	90.54	7,846,272	95.62
北美洲	5,391,868	44.81	3,392,753	41.35
歐　洲	3,668,506	30.49	2,682,783	32.69
亞　洲	1,833,441	15.24	1,770,736	21.58
合　計	12,032,020	100.00	8,206,076	100.00

資料來源：中強光電 2000 年年報

4.2.2 市場未來之供需狀況

　　根據矢野經濟研究所市場調查月刊於 2000 年 11 月出版之統計資料，2000 年較 1999 年全球投影機出貨量預計有 13%之成長率，且每年持續提高。

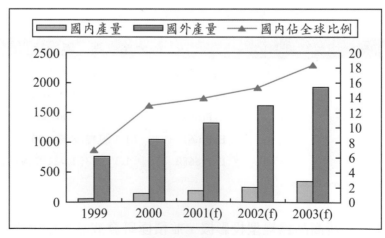

圖 9-1 全球投影機產量及國內佔全球比例

資料來源：矢野經濟研究所市場調查月刊，2000 年 11 月

4.2.3　發展遠景之有利與不利因素

根據矢野經濟研究所市場調查月刊於 2000 年 11 月出版之統計資料，2000 年投影機市場總出貨量預估有 115 萬台且逐年成長率均有提昇，前景可期。台灣方面自 1999 年開始陸續有多家液晶投影機廠商進入量產階段，競爭日趨激烈。

中強光電投入投影機市場較早，累積雄厚之技術與經驗。並擁有穩定之關鍵零組件供貨來源，且 OEM/ODM 與自有品牌並重兼容並蓄，不受市場及景氣影響較小。

最近二年投影機生產量值與銷貨量值茲表述如下表 9-5 及表 9-6：

表 9-5　最近二年投影機生產量值

單位：台

年度	八十九年度		八十八年度	
品名／生產量值	產量	產值	產量	產值
LCD 投影機	70,920	2,889,952	66,226	2,099,838

資料來源：中強光電 2000 年年報

表 9-6　最近二年投影機銷貨量值

單位：新台幣仟元

年度	八十九年度		八十八年度	
品名／銷售量值	銷量	銷值	銷量	銷值
LCD 投影機	65,013	4,292,292	46,906	2,769,047

資料來源：中強光電 2000 年年報

第五節　競爭優勢策略分析模式

5.1　步驟一：問卷調查

我們首先針對企業核心資源、顧客需求特性、企業目標及策略意圖、產

業關鍵成功因素等項進行問卷調查。前四項的受訪者對象為中強光電股份有限公司（以下簡稱「中強」）之中的高階主管及相關資深人員，回收樣本數為18 份；最末項的產業關鍵成功因素，係訪問中強光電、明碁電通以及台達電子，進行問卷調查，回收樣本共 27 份，顧客需求部分則是訪問中強光電的客戶 Compaq 進行問卷調查，回收樣本數共 13 份。

表 9-7　問卷內容介紹

問卷種類	問卷對象	回收份數	說明
核心資源	中強光電	18	層級大多屬於協理、副理、工程師
關鍵成功要素	中強、明碁、台達	27	層級大多屬於經理、副理、工程師
客戶需求	Compaq	13	層級大多屬於經理、副理、採購
策略意圖	中強光電	18	層級大多屬於協理、副理、工程師

5.2 步驟二：資料整理、建立創新矩陣和檢定

其次，整理回收的問卷資料，計算出各項變數評量分數的平均值；再利用創新矩陣分析法，依各企業的影響種類〔產品(P1)、製程(P2)、組織(O)〕和影響性質〔漸進式改變(I)、系統性改變(S)、突破性改變(BT)〕，建立「企業優勢」、「產業優勢」、「競爭對手」以及「顧客需求」等市場構面的四大創新矩陣以及策略意圖矩陣，然後再分別針對各矩陣進行檢定。

5.3 企業優勢創新矩陣

根據中強光電公司自我評量所評量之核心能力顯示，中強公司的競爭優勢為以下各項：技術創新能力、產品創新程度、後勤支援能力與模組化生產能力。但中強光電公司有待加強及提昇的核心資源為零組件採購彈性、零組件供應能力、庫存管理能力、生產彈性的掌握、規模經濟的能力以及生產效率的掌握、組織結構、企業文化、人事制度與教育訓練、員工忠誠度與向心力、研發環境與文化、後勤支援能力等。其評量結果如下表。

表 9-8　核心資源評量結果

企業核心資源	影響種類	影響性質	評量強弱
組織結構	O	S	3.72
企業文化	O	S	3.83
人事制度與教育訓練	O	S	3.44
員工忠誠與向心力	O	S	3.56
研發環境與文化	O	S	4.39
技術創新能力	P1,P2	S	4.67
資訊與智財權的掌握	P1,P2	BT	4.06
零組件採購彈性	P2,O	I	3.72
與供應商之關係	O	I	4.11
零組件供應能力	P2	I	4.11
後勤支援能力	P2,O	S	4.17
庫存管理能力	P2,O	I	3.56
模組化生產能力	P2	S	3.94
生產彈性的掌握	P2	I	3.61
規模經濟的能力	P2	I	3.83
生產效率的掌握	P2	I	3.67
市場的掌握能力	P1	I	4.00
國際行銷能力	P1	BT	3.94
品牌形象	P1,O	BT	4.06
價格/品質	P1	I	4.00
產品創新程度	P1	S	4.28

經上述核心能力的分析，得到中強的企業優勢創新矩陣如圖 9-2。

根據中強核心資源問卷結果分析的統計檢定資料顯示，在 P1*S（產品系統性改變）與 P2*S（製程系統性改變）兩個構面上，具有更顯著的重要性，也就是說由中強內部的觀點而言，此兩部分的核心資源掌握地特別不錯。

影響種類	I	S	BT
P1	市場的掌握能力(4.00) 價格／品質(4.00)	技術創新能力(4.67) 產品創新程度(4.28)	資訊與智財權的掌握(4.06) 國際行銷能力(3.94) 品牌形象(4.06)
P2	零組件採購彈性(3.72) 4 零組件供應能力(4.11) 庫存管理能力(3.56) 生產彈性的掌握(3.61) 規模經濟的能力(3.83) 生產效率的掌握(3.67)	技術創新能力(4.67) 4.48 後勤支援能力(4.17) 模組化生產能力(3.94)	資訊與智財權的掌握(4.06) 4.02
0	零組件採購彈性(3.72) 與供應商之關係(4.11) 3.75 庫存管理能力(3.56)	組織結構(3.72) 企業文化(3.83) 4.26 人事制度與教育訓練(3.44) 員工忠誠與向心力(3.56) 研發環境與文化(4.39) 後勤支援能力(4.17)	品牌形象(4.06) 4.06
	3.80	3.85	

影 響 性 質

圖 9-2　中強企業優勢創新矩陣

5.4 產業優勢創新矩陣

18 項產業關鍵成功因素中，中強公司自我評量結果為：中強公司比競爭對手（明碁+台達）/2 具有較強之品牌與企業形象；而以運籌管理能力、員工素質與人事管理、組織制度與管理能力這三項，中強光電則略遜於明碁與台達。評量結果如表 9-9。

表 9-9　產業優勢創新矩陣評量結果

產業關鍵成功因素	影響種類	影響性質	中強光電	競爭對手（明碁+台達）/2
產品設計與開發能力	P1,P2	S	4.61	4.14
產品規格的制定	P1,P2	BT	4.39	4.25
關鍵技術與專利的掌握	P1,P2	BT	4.22	4.06
技術資訊獲取能力	P1,P2	S	4.33	4.11
規模經濟優勢	P2	I	4.11	4.19
零組件採購及來源掌控	P2,O	I	4.72	4.28
運籌管理能力	P2,O	S	4.28	4.33
製程管理具自動化能力	P2,O	I	4.11	3.81
員工素質與人事管理	O	S	3.72	4.12
行銷通路的掌握	P1	BT	4.28	4.11
產品功能與創新應用	P1	S	4.67	4.14
品牌與企業形象	P1,O	BT	4.50	3.99
全功能服務的能力	P1	I	4.28	4.14
顧客需求的掌握	P1	I	4.22	3.92
市場領導優勢	P1	I	4.28	4.03
技術多元化	P1,P2	S	4.44	4.06
組織制度與管理能力	O	S	4.06	3.86
範疇經濟優勢	P1,P2	S	4.22	4.25

在中強產業關鍵成功要素問卷結果分析的統計檢定上，得知在 O*BT 構面上顯著程度較高，而在 O*S 上顯著程度較低，其餘則顯著程度中等，可知由中強內部觀點來看，對於產業關鍵成功要素的掌握程度中等。

	I	S	BT
P1	全功能服務的能力(4.28) 顧客需求的掌握(4.22) 市場領導優勢(4.28) 4.26	產品設計與開發能力(4.61) 技術資訊獲取能力(4.33) 產品功能與創新應用(4.67) 技術多元化(4.44) 範疇經濟優勢(4.22) 4.45	產品規格的制定(4.39) 關鍵技術與專利的掌握(4.22) 行銷通路的掌握(4.28) 品牌與企業形象(4.50) 4.35
P2	規模經濟優勢(4.11) 零組件採購來源掌控(4.72) 製程管理具自動化能力(4.11) 4.31	產品設計與開發能力(4.61) 技術資訊獲取能力(4.33) 運籌管理能力(4.28) 技術多元化(4.44) 範疇經濟優勢(4.22) 4.38	產品規格的制定(4.39) 關鍵技術與專利的掌握(4.22) 4.31
0	零組件採購極來源掌控(4.72) 製程管理具自動化能力(4.11) 4.42	運籌管理能力(4.28) 員工素質與人事管理(3.72) 組織制度與管理能力(4.06) 4.02	品牌與企業形象(4.50) 4.50

（影響種類）

圖 9-3　中強之產業優勢創新矩陣

5.5 競爭對手創新矩陣

在（明碁+台達）/2 的產業關鍵成功因素問卷結果分析的統計檢定方面，在 P2*S 與 O*BT 方面顯著程度高，而在 P1*I、O*I 與 O*S 方面檢定結果，其顯著程度較低。

影響種類	I	S	BT
P1	全功能服務的能力(4.14) 顧客需求的掌握(3.92) 市場領導優勢(4.03) 4.03	產品設計與開發能力能力(4.14) 技術資訊獲取能力(4.11) 產品功能與創新應用(4.14) 技術多元化(4.06) 範疇經濟優勢(4.25) 4.14	產品規格的制定(4.25) 關鍵技術與專利的掌握(4.06) 行銷通路的掌握(4.11) 品牌與企業形象(3.99) 4.10
P2	規模經濟優勢(4.19) 零組件採購極來源掌控(4.28) 製程管理具自動化能力(3.81) 4.09	產品設計與開發能力(4.14) 技術資訊獲取能力(4.11) 運籌管理能力(4.33) 技術多元化(4.06) 範疇經濟優勢(4.25) 4.18	產品規格的制定(4.25) 關鍵技術與專利的掌握(4.06) 4.16
O	零組件採購極來源掌控(4.28) 製程管理具自動化能力(3.81) 4.05	運籌管理能力(4.33) 員工素質與人事管理(4.12) 組織制度與管理能力(3.86) 4.17	品牌與企業形象(3.99) 3.99

影響性質

圖 9-4　競爭對手創新矩陣

5.6 顧客需求創新矩陣

在中強的顧客需求此部份的分析結果顯示，在 P1*I 的顯著程度較低，表示財務考量並不是顧客(Compaq)要求的重點。

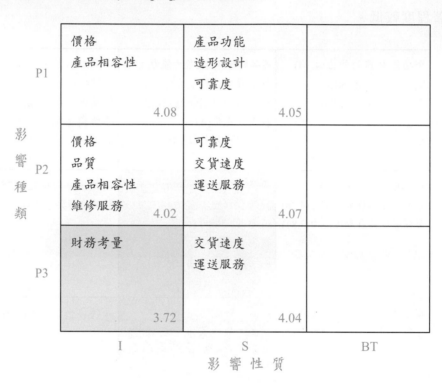

圖 9-5　顧客需求特性評量結果

5.7 步驟三：創新 SWOT 分析

其評量結果如下。

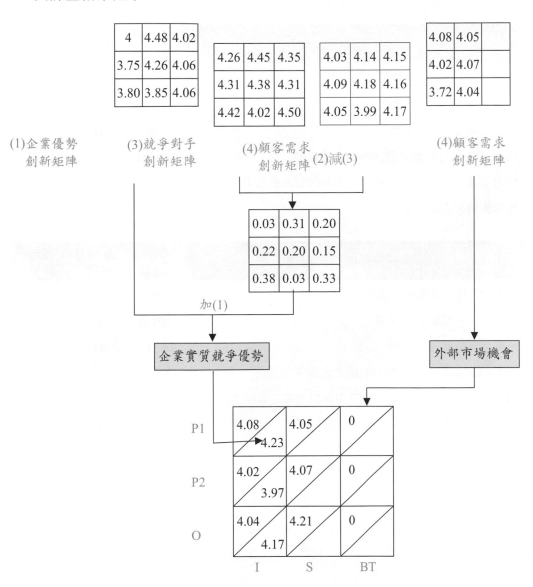

圖 9-6　創新 SWOT 分析

5.8 步驟四:策略意圖創新分析

表 9-10 策略意圖創新分析

策略意圖與企業目標	影響種類	影響性質	強弱評量
領先的技術、大眾化的價格	P2	I	
全球前十大投影機的廠商	P1,O	S	
各事業單位能獨立上市	O	BT	
2002 年家用投影機佔有 30%以上出貨率	P1,P2	I	
2003 年前將 LCOS 系列關鍵零組件自製率提高至 70%	P2	S	
台灣研發,大陸生產	O	I	

策略意圖與企業目標	影響種類	影響性質	強弱評量
領先的技術、大眾化的價格	P2	I	
全球前十大投影機的廠商	P1,O	S	
各事業單位能獨立上市	O	BT	
2002 年家用投影機佔有 30%以上出貨率	P1,P2	I	
2003 年前將 LCOS 系列關鍵零組件自製率提高至 70%	P2	S	
台灣研發,大陸生產	O	I	

5.9 步驟五：策略意圖創新分析

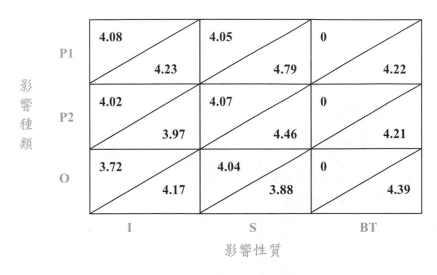

圖 9-7　策略意圖創新分析

　　上圖為中強之差異性矩陣分析，同樣為了避免可能由於問卷的異常邊緣值，而產生的片段所導致的錯誤結論，以統計雙樣本的 t-test 方式，來檢定「策略意圖創新矩陣減創新 SWOT 矩陣」所作出來的九項構面的數值差值，再信賴水準 0.95 之下，是否具有顯著性的不同，亦即中強之策略意圖與外在 SWOT 的差距，是顯著或者不顯著。

　　在 OT 的分析方面，採取以中強之策略意圖樣本結果與顧客需求樣本結果作雙樣本檢定，在 O*I 構面部分，中強之策略意圖與其機會(O)威脅(T)有顯著性差異。至於在 SW 分析部分，採取以中強之策略意圖為樣本結果，與中強核心資源、產業關鍵成功因素創新評量彙總之相加值結果，作雙樣本檢定，結果發現，中強在 P1*S 與 O*S 構面上有顯著差異。

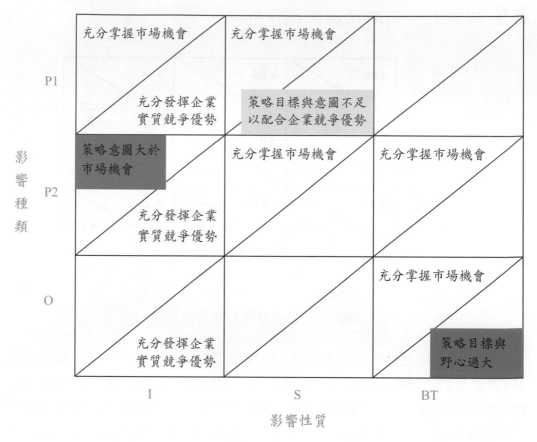

圖 9-8　創新 SWOT 分析結果

5.10 步驟六：結論與建議

綜合以上分析步驟，策略建議可分為維持、加強、建立等三項，在品牌形象與零組件採購方面，中強光電極具優勢，因此建議應維持此方面之掌握能力；在產品方面則應進一步開發家用市場以及大陸市場；而目前客戶需求尚未到達台灣研發、大陸生產的程度，企業應建立環境偵測系統以及全球運籌管理能力。

(1)品牌形象與零組件採購
顧客需求：品質、價格、產品相容性與可靠度
核心資源：品牌形象、市場掌握能力、零組件採購與供應、生產彈性與效率
策略建議：中強在品牌形象與零組件採購、生產率方面極具優勢，亦重視客戶對於品質與產品相容性及可靠度的掌握之要求，建議中強保持良好之企業形象及關鍵零組件的掌握能力。

(2)進一步市場開發
顧客需求：產品功能、造形設計與可靠度
核心資源：技術創新能力與產品創新程度
策略意圖：全球前十大投影機的廠商
策略建議：在產品(P1)的系統性創新(S)方面，策略目標與意圖不足以配合企業競爭優勢，中強在產品方面應進一步開發家用市場以及進一步開發大陸市場。

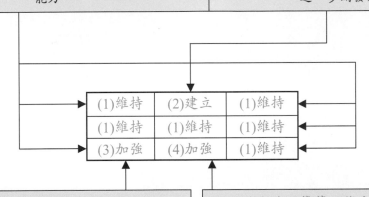

(1)維持	(2)建立	(1)維持
(1)維持	(1)維持	(1)維持
(3)加強	(4)加強	(1)維持

(3)加強環境偵測能力
顧客需求：財務考量並非顧客需求重點
核心資源：零組件採購彈性、與供應商之關係以及庫存管理能力
策略意圖：台灣研發，大陸生產。
策略建議：在組織(O)的漸進式創新方面，策略意圖大於市場機會；目前的客戶需求並未到達台灣研發、大陸生產的程度，企業在時間的把握上，應建立環境偵測系統，適時調整佈局大陸的步伐。

(4)加強全球運籌管理能力
顧客需求：交貨速度、運送服務
核心資源：組織結構、後勤支援能力
策略意圖：全球前十大投影機廠商
策略建議：在組織(O)的系統性創新(S)方面，策略目標與野心太大，企業組織應建立全球運籌管理能力，以及建立全球化企業組織架構。

圖 9-9　結論

問題與討論

1. 中強光電的沿革為何？
2. 中強光電的業務範圍為何？
3. 中強光電的競爭優勢為何？
4. 中強光電的策略意圖創新分析為何？
5. 對於中強光電的策略建議有哪些？

個案分析：生物科技—五鼎生技 10

第一節　五鼎生技簡介

　　五鼎生物技術股份有限公司於 1997 年 12 月設立於新竹科學園區，目前資本額新台幣參億元。公司以發展生物技術相關產品為目標，積極從事研究、開發、生產、製造、銷售生物技術等相關產品。五鼎的業務主要以外銷為主（佔總營業額 90%），產品已行銷全世界並深獲好評。現階段除推廣自我品牌外，亦以 ODM（原廠技術製造）方式提供各大廠商。

基本資料

- 公司設立時間：86/12/2
- 董事長：沈燕士　總經理：沈燕士
- 主要競爭者：Johnson &Johnson、Abbott、Roche、Kyoto Daiichi
- 主要客戶：IMACO、Chronimed、MEDPRO、CATAR、金儀、一展
- 主要原料來源：裸片（圓茂實業）、射出件（弘啓實業）、半導體（樵屋、大傳、三泰、所羅門、顯鑰、浩正）、原物料（三泰）
- 董監持股比率：44.4%外資持股比率：0.04%投信持股比率：1.43%自營商持股比率：0.17%
- 主要股東結構：沈燕士 27.57%，白正明 8.67%，詹益沛 8.67%，陳吳麗芬 3.21%，馬忠芳 2.17%，王台光 1.5%，揚孟文 1.48%
- 重要轉投資事業：無
- 公司之短期借款：0，應付商業本票：22，一年到期長期借款：0，長期負債：0，股東權益 429，負債比率 12%；短期投資：208；背書保證：0。

1.1　五鼎生技發展里程碑

- 1997 年 12 月於新竹科學園區成立，生產血糖檢測儀（公司前身：Metertech Inc.）。

- 1998 年 4 月取得園區公司登記證，開始營運。
- 1998 年 6 月於 MTL 二樓租得 400 平方之工廠。
- 1998 年 7 月成為台灣地一家取得 FDA510(K)認證之公司。
- 1998 年 11 月發展血液尿酸檢測儀。
- 1999 年 4 月獲得 CE 認證行銷。
- 1999 年 6 月 DB of MOEA 補助 NT$2,500,000 發展 2 in 1（結合血糖及血液尿酸）檢測儀。
- 1999 年 7 月股票上櫃。
- 1999 年 8 月新竹科學園區補助 NT$4,000,000 發展 Touch-In 試紙。
- 1999 年 12 月獲 1999 年園區產品創新獎。

1.2 公司成員

- 董事會：中華開發，交通銀行，永春投資，中富創投，楊孟文，王台光，馬忠芳。
- 管理階層：
  - 董事長：Dr. Thomas Shen
  - 製造部副總：Mr. Mark Young
  - 業務經理：Mr. Alan Lee
  - 行銷經理：Ms. Temmy Wu
  - 財務經理：Mr. Ying Xiang

第二節　公司概況

2.1 公司內部情況

- 產品：
  - 血糖檢測儀：Sensorex, GlucoSure, GlucoSmart
  - 血液尿酸檢測儀：UASure

- ■ 血糖及血液尿酸二合一檢測儀：MultiSure
- ● 研發中產品：膽固醇、血紅素、乳酸、三酸甘油脂等檢測儀。
- ● 研發方面：
  - ■ 研發費用：約佔每年總收入之 10%。
  - ■ 研發人員：約佔總員工人數之 10%。
  - ■ 研發人員資格：生物化學及生物科技博／碩士以上。
  - ■ 技術平台：電化學法（運用至生物感測器上），二極網印技術。
- ● 合作機構：榮總醫院，國立清華大學，國立交通大學，私立大同工學院。

2.2 產品功能與類別

A. 血糖測試儀套件：

五鼎血糖測試儀供糖尿病患、醫院、診所之醫生或護士等作為監測血糖值變化之用，以為控制胰島素之劑量或飲食運動之控制參考。乃採用先進生物感測技術（與其他世界大廠所用之技術相同），比傳統之光學式血糖測試儀，使用更方便測試結果更快速精準。DMS 血糖自我管理軟體提供分析檢測結果之功能，協助患者有效自我追蹤血糖之變化，並適時調整治療計畫。五鼎血糖儀系列包括：欣瑞血糖測試儀(Sensorex)、欣速血糖測試儀(GlucoSure)血糖測試儀(GlucoSmart)等三種。

B. 血糖測試片：

為血糖檢測之媒介。

C. 計畫開發之新產品：

1. 吸式血糖測試片。
2. 尿酸生化檢驗測試儀及其測試片。
3. 尿酸血糖雙功能生化檢驗測試儀及其測試片。
4. 膽固醇生化檢驗測試儀及其測試片。
5. 乳酸生化檢驗測試儀及其測試片。

尿酸測試儀：五鼎優速尿酸測試儀(UASure Blood Uric Acid Monitoring System)是全世界第一台手上型自我尿酸檢測儀，用以尿酸－診斷痛風之重要血液標記。

2.3 生產流程特性與技術演進

五鼎血糖測試儀及其測試片採用關鍵技術——電流式生物感測技術及專利網印技術生產此系列產品。在技術發展方面，多利用已成熟之產業科技，進行多方面系統整合。主要的技術來源可分爲兩部份：「合作研究」、「自行開發」，詳述如下：

● 合作研究：與工研院合作「生物晶片及應用技術規劃」及中山科學研究院合作「微幫浦在生物晶片應用研製」之研究。

● 自行開發：五鼎成功的開發血糖生物感測器以及尿酸生物感測器，公司每年均投入約營業額 20%之研發費用。血糖測試儀及試片，係以電流式生物感測技術爲基礎，突破原有之光學式產品，其血糖檢測計僅需 35 秒便可讀取，其後更成功改良原有之產品，發展出第二代血糖測試儀，更爲輕巧、人性化，易於患者之使用。五鼎也成功地開發尿酸測試儀，現正加緊進行量產程序及臨床實驗報告中。該公司並已完成虹吸式測試片之研究開發，目前正進行專利之申請。

第三節　營運概況

3.1 上下游產業關聯性

生技產業之上游包括基礎研究及原物料來源，在基礎研究上除與學術單位有良好溝通管道且隨電腦網路的進步，讓研發人員可及時掌握國際上最新訊息，一旦開發出新技術則即刻申請專利以保護自有技術。在原物料的選用上皆以國內容易取得之資源來作運用，五鼎產品生產所需之原物料有裸片、半導體、PCB、射出件、採血筆、LCD 面板、皮包等等。

生技產業的下游發展爲技術產品之開發應用，五鼎成功地開發血糖測試儀，又開發尿酸測試儀，後續尚有膽固醇、乳酸、三酸甘油脂等產品。而其下游產業包括國內外醫療器材進出口廠商、醫療器材行、醫療機構、經銷商、連鎖及量販店等等。

3.2 經營情況

● 銷售：出口導向，以 OEM 為主。

● 產品銷售分配：

美洲國家（主要為美國）—63%

歐洲國家（主要為德國，瑞典）—27%

亞洲國家—6%，台灣—4%

● 經營理念：

1. 研發生物技術及基因工程相關的產品。

2. 提供 OEM/ODM 服務，為客戶提供自有品牌，產品設計及其他特殊需求。

● 公司政策：

1. 第一階段：發展診斷檢測儀，免疫檢測儀，及診斷用生物晶片。

2. 第二階段：發展環保及農業相關檢測產品（例：生物氧化偵測，農產改良）。

3. 第三階段：發展製藥（例：中藥）。

● 未來展望：

1. 提昇 OEM/ODM 經營合作（例：Walgreens, PlanetRx.）。

2. 與製藥公司策略聯盟（例：GSP, EL Lilly, Novo Nordisk.）。

第四節　五鼎的競爭策略優勢分析

4.1 策略定位

在產業構面分析上，改良自波特所提出的「競爭策略矩陣」模型，依「競爭領域」的廣狹及低成本、差異化的「競爭優勢」等兩大構面，將生物科技業者區隔成四種不同的競爭策略群組。

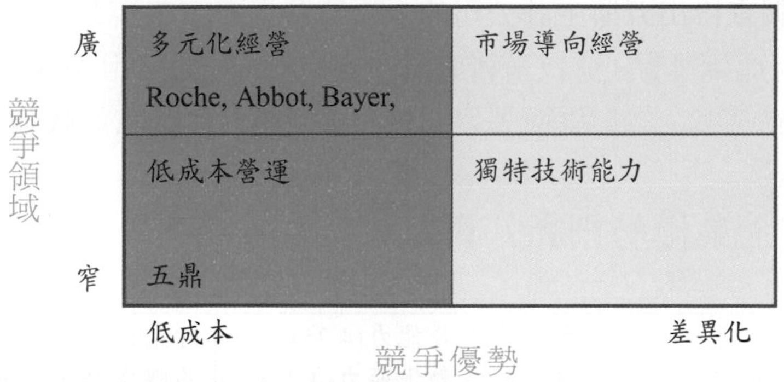

圖 10-1　五鼎企業策略定位

4.2　五鼎核心資源問卷評量結果統計

表 10-1　五鼎企業核心資源問卷評量結果統計

核心資源項目	影響種類	影響性質	評量強弱	核心資源項目	影響種類	影響性質	評量強弱
1. 企業願景與策略規劃	O	BT	3.5	11.零組件採購管理	P2, O	I	1.5
2. 企業文化與組織結構	O	S	2.25	12.與供應商之關係	O	I	1.75
3. 人力資源與教育訓練	O	S	2.5	13.後勤支援能力	P2, O	S	2
4. 財務管理與稽核能力	O	S	2	14.智慧財產權掌握	P1, P2	BT	3
5. 員工忠誠度與凝聚力	O	S	1.5	15.技術與產品創新能力	P1	S	3.5
6. 製程創新能力	P2, O	S	2.75	16.國際市場行銷能力	P1	I	3
7. 製程創新能力	P2	I	3	17.目標市場掌握能力	O	I	3
8. 生產效率掌握	P2	I	2.25	18.研發團隊與環境		S	2.75
9. 產能提升能力	P2	I	1.5	19.知識資訊的掌握	P1, P2	BT	2.5
10.庫存管理能力	P2, O	I	2.5	20.企業形象與品牌	P1, O	BT	3

由問卷調查得出五鼎生計公司的「企業願景與策略規劃」、「製程創新能力」、「智慧財產權掌握」、「技術與產品創新能力」、「國際市場行銷能力」、「目標市場掌握能力與企業形象與品牌」核心資源相對於其它的較強。

4.3 五鼎企業優勢創新矩陣

產品良率的控制能力(3.75) 顧客需求的掌握(4) 顯示較優　　　　X=3.875	創新與研發能力(4.25) 量產與自動化能力(4.25) 技術資訊獲取能力(4.25) 全面成本的控制能力(4) 範疇經濟優勢(3.75) 市場領導優勢(3.5) 顯示較優　　　　X=4	行銷通路的掌握(3.5) 品牌與企業形象(4) X=3.75
產品良率的控制能力(3.75) 顯示較劣　　　　X=3.75	創新與研發能力(4.25) 技術資訊獲取能力(4.25) 全面成本的控制能力(4) 範疇經濟優勢(3.75) 技術多元化(3.5) 顯示較劣　　　　X=3.95	關鍵技術與專利的掌握(4) X=4
組織制度與管理能力(4) 公共關係(4.25) 顯示較劣　　　　X=4.125	量產與自動化能力(4.25) 員工素質與人事管理(3.75) 法規與管理能力(4) 顯示較劣　　　　X=4	關鍵技術與專利的掌握(4) 品牌與企業形象(4) 顯示較優　　　　X=4

圖 10-2　五鼎企業優勢創新矩陣

由上圖顯示得出五鼎生技的優勢位於矩陣的哪一塊，其粗體的標示指出五鼎的優劣勢為何。因此可針對不足的加以改進，而好的部份能一直保持領先。

4.3.1　企業優勢新矩陣

　　每一項的核心資源項目，在經過五鼎內部員工的問卷調查及討論而取得共識後，整理如下表：

表 10-2　五鼎企業核心資源評量結果

企業核心資源	影響種類	影響性質	評量強弱
1.公司願景與策略規劃	O	BT	3.5
2.企業文化與組織結構	O	S	2.25
3.人力資源與教育訓練	O	S	2.5
4.財務管理與稽核能力	O	S	2
5.員工忠誠度與凝聚力	O	S	1.5
6.製程創新能力	P2, O	I, S	2.75
7.製程管理能力	P2	I	3
8.生產效率掌握	P2	I	2.25
9.產能提升能力	P2	I	1.5
10.庫存管理能力	P2, O	I, S	2.5
11.零組件採購管理	P2, O	I	1.5
12.與供應商的關係	O	I	1.75
13.後勤支援能力	P2, O	S	2
14.智慧財產權掌握	P1, P2	BT	3
15.技術與產品創新能力	P1	S	3.5
16.國際市場行銷能力	P1	I, BT	3
17.目標市場掌握能力	O	I	3
18.研發團隊與環境	O	S	2.75
19.知識資訊的掌握	P1, P2	BT	2.5
20.企業形象與品牌	P1, O	BT	3

4.3.2　五鼎產業關鍵成功因素之創新評量

表 10-3　五鼎企業產業關鍵成功因素之創新評量

產業關鍵成功要素	影響種類	影響性質	J&J	Abbot	Roche	Bayer	競爭者平均	五鼎
創新與研發能力	P1, P2	S	5	4	4	4	4.25	4
量產與自動化能力	P2, O	S	4	5	3	5	4.25	4
關鍵技術與專利的掌握	P2, O	BT	5	3	4	4	4	4
技術資訊獲取能力	P1, P2	S	5	4	4	4	4.25	4
產品良率的控制能力	P1, P2	I	3	3	4	5	3.75	3
全面成本的控制能力	P1, P2	S	3	5	3	5	4	4
員工素質與人事管理	O	S	4	3	3	5	3.75	3
行銷通路的掌握	P1	BT	4	2	4	4	3.5	3
範疇經濟優勢	P1, P2	S	4	3	4	4	3.75	2
品牌與企業形象	P1, O	BT	2	4	5	5	4	2
顧客需求的掌握	P1	I	3	4	4	5	4	3
市場領導優勢	P1	S	3	3	4	4	3.5	1
技術多元化	P2	S	5	2	4	3	3.5	4
組織制度與管理能力	O	I	4	4	4	4	4	3
公共關係	O	I	4	4	4	5	4.25	3
法規與管理能力	O	S	4	3	4	5	4	4

4.4　五鼎產業關鍵成功要素創新矩陣

	漸進式改變(I)	系統式改變(S)	突破式改變(BT)
產品（P1）		創新與研發能力(4) 量產與自動化能力(4) 技術資訊獲取能力(4) 全面成本的控制能力(4) 範疇經濟優勢(2) 市場領導優勢(1) X=3.17	行銷通路的掌握(3) 品牌與企業形象(2) 顯著較劣 X=2.5
製程（P2）	產品良率的控制能力(3) X=3	創新與研發能力(4) 技術資訊獲取能力(4) 全面成本的控制能力(4) 範疇經濟優勢(2) 技術多元化(4) 顯著較優　X=3.6	關鍵技術與專利的掌握(4) 顯著較優 X=4
組織（O）	組織制度與管理能力(3) 公共關係(3) X=3	量產與自動化能力(4) 員工素質與人事管理(3) 法規與管理能力(4) 顯著較優　X=3.67	關鍵技術與專利的掌握(4) 品牌與企業形象(2) 顯著較優　X=3

圖 10-3　五鼎企業產業關鍵成功要素創新矩陣

　　由創新矩陣得出在五鼎生技公司裡面有幾塊較顯著的部份為其公司的關鍵成功要素。因此可與之前所得的核心資源相對應。

4.5 五鼎競爭對手競爭優勢創新矩陣

	漸進式改變(I)	系統式改變(S)	突破式改變(BT)
產品（P1）	產品良率的控制能力(3.75) 顧客需求的掌握(4) X=3.875	創新與研發能力(4.25) 量產與自動化能力(4.25) 技術資訊獲取能力(4) 全面成本的控制能力(4) 範疇經濟優勢(3.75) 市場領導優勢(3.5) X=4	行銷通路的掌握(3.5) 品牌與企業形象(4) 顯著較劣 X=3.75
製程（P2）	產品良率的控制能力(3.75) 顯著較劣 X=3.75	創新與研發能力(4.25) 技術資訊獲取能力(4.25) 全面成本的控制能力(4) 範疇經濟優勢(3.75) 技術多元化(3.5) X=3.95	關鍵技術與專利的掌握(4) X=4
組織（O）	組織制度與管理能力(4) 公共關係(4.25) 顯著較優 X=3	量產與自動化能力(4.25) 員工素質與人事管理(3.75) 法規與管理能力(4) X=4	關鍵技術與專利的掌握(4) 品牌與企業形象(4) X=4

圖 10-4　五鼎企業競爭對手競爭優勢創新矩陣

　　此矩陣則是以五鼎的競爭對手公司來做其優勢的創新矩陣，目的是與五鼎相比較而看出五鼎的缺點及優勢，以此為基準來做出五鼎未來營運方向的標準。

4.6 產業優勢與競爭對手創新矩陣

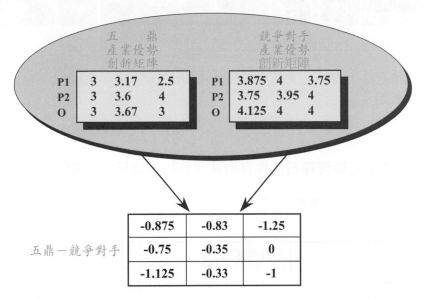

圖 10-5 　五鼎企業產業優勢與競爭對手創新矩陣

4.7 五鼎之顧客需求特性評量

表 10-4 　五鼎企業顧客需求特性評量

銷售及行銷範圍	影響種類	影響性質	平均值	銷售及行銷範圍	影響種類	影響性質	平均值
價格	P1	I	2.33	售後服務	O	I	4.67
精確度	P2	I	3.67	品牌形象	P1, O	S	3.33
準確度	P2	I	4	產品設計	P1	I	4.67
穩定性	P1, P2	I	4.33	產品包裝	P1	I	3.5
操作性	P1, P2	S	4	功能升級	P1, P2	I	4
校正程序	P2, O	I	4	臨床試驗	P2	I	4.33
量測基準	P2	S	3	法規	O	I	4.33
較少的血液用量	P2	I	4.33	FDA&CE 認證	P2, O	S	4

表 10-4　五鼎企業顧客需求特性評量（續）

銷售及行銷範圍	影響種類	影響性質	平均值	銷售及行銷範圍	影響種類	影響性質	平均值
量測時間	P2	I	4.33	依 IVD 法規指派認證機構	O	S	4.67
試劑保存時間	P1	I	3.67	專利	P2, O	S	4
銷售及行銷範圍	P1	I	3.33	新檢測儀器的發展	O	BT	4.33
配送	P2, O	S	4.67				

依顧客需求的影響種類與性質把其問卷的平均值求出如表 10-4 所示。

4.7.1　五鼎之顧客需求創新矩陣

接受域：2.4785 ＜ X ＜

價格(2.33) 穩定性(4.33) 操作性(4) 試劑保存時間(3.67) 銷售及行銷範圍(3.33) 產品設計(4.67) 產品包裝(3.5) 功能升級(4)　　X=3.77	品牌形象(3.33) X=3.33	 X=0
精確度(3.67) 準確度(4) 穩定性(4.33) 操作性(4) 校正程序(4) 較少的血液用量(4.33) 量測時間(4.33) 功能升級(4) 臨床試驗(4.33)　X=4.15	測量基準(3) 配送(4.67) FDA&CE認證(4) X=3.89	專利(4) X=4
校正程序(4) 售後服務(4.67) X=4.33	配送(4.67) 品牌形象(3.33) 法規(4.33) FDA&CE認證(4) 依IVD法規指派認證機構(4.67) X=4	專利(4) 新檢測儀器的發展(4.33) X=4.17

圖 10-6　五鼎企業顧客需求創新矩陣

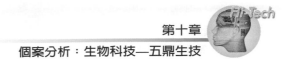
如圖 10-6 所示，五鼎生技公司的顧客對其公司的滿意度程度顯著較高。

4.8 五鼎之創新 SWOT 矩陣

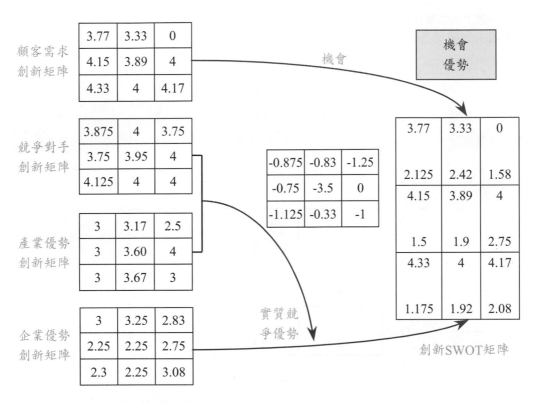

圖 10-7 五鼎企業創新 SWOT 矩陣

表 10-5　五鼎企業目標與策略意圖之創新評量

企業目標與策略意圖	影響種類	影響性質	評量結果
1.提供更大眾化的價格	P1,P2	I	2
2.將臨床上的診斷儀器普及化成為家庭預防醫學上的檢測計	P1,P2,O	BT	5
3.提高市場佔有率	O	S	3
4.擴展策略聯盟	P1,P2,O	S	2
5.多角化經營	P1,P2,O	S	2
6.擴充營業額	O	I	3

接受域：2.0522 < X < 4.2434

	I	S	BT
P1	顯著較劣 2	顯著較劣 2	顯著較優 5
P2	顯著較劣 2	2	顯著較優 5
O	3	2.33	顯著較優 5

圖 10-8　五鼎企業目標與策略意圖之創新評量

4.9　差異性分析

(1) 策略意圖矩陣 － (2) 創新 SWOT 矩陣 ＝ (3) 差異矩陣

(1) 策略意圖矩陣

2	2	5
2	2	5
3	2.33	5

(2) 創新SWOT矩陣

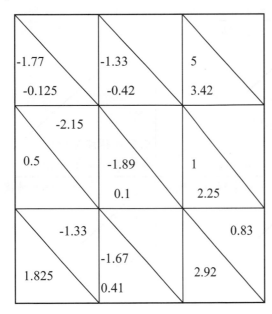

右上～接受域：-2.1525< X <1.4169

(3) 差異矩陣

左下～接受域：0.1190< X <2.2988

圖 10-9　五鼎企業差異矩陣

註：

(＋) 企業野心太大：表示企業目標與策略意圖大於外在機會或企業本身所擁有的資源能力。

(－) 企業過於保守：未能充份發揮企業優勢或未能充份掌握外在機會。

差異矩陣為策略意圖矩陣減掉創新 SWOT 矩陣的結果，由上圖所示，如果相減後所得的數目為正的，代表企業目標與策略意圖大於外在機會或企業本身所擁有的資源能力，所以企業因可考慮其目標方向應該轉移或放棄。而當相減數目得出結果為負數時，表示企業未能充份發揮企業優勢或未能充份掌握外在機會，因此該加強或尋找其它方式。

4.9.1　五鼎之差異矩陣分析圖

未充分掌握市場機會	未充分掌握市場機會	策略意圖大於市場機會
策略目標 與野心過小 需加強企業實質競爭優勢	策略目標 與野心過小 需加強企業實質競爭優勢	策略目標 與野心太大 須提升企業實質競爭優勢
未充分掌握市場機會	未充分掌握市場機會	充分掌握市場機會
充分發揮組織所擁有的實質競爭優勢	策略目標 與野心過小 需加強企業 實質競爭優勢	充分發揮組織所擁有的實質競爭優勢
未充分掌握市場機會	未充分掌握市場機會	充分掌握市場機會
充分發揮組織所擁有的實質競爭優勢	充分發揮組織所擁有的實質競爭優勢	策略目標 與野心太大 須提升企業 實質競爭優勢

圖 10-10　五鼎企業差異矩陣分析圖

此分析圖列出企業未來的營運方向該如何走，而下圖則歸類是否此項目標該保留或放棄或加強。

4.9.2　五鼎差異性矩陣

五鼎因不具產業競爭優勢而無法支持市場機會與現行策略意圖 （建立或放棄）	五鼎因不具產業競爭優勢而無法支持市場機會與現行策略意圖 （建立或放棄）	五鼎充分掌握市場機會並發揮競爭優勢 （維持）
策略方向能配合企業競爭優勢與市場機會 （維持）	五鼎因不具產業競爭優勢而無法支持市場機會與現行策略意圖 （建立或放棄）	策略方向能配合企業競爭優勢與市場機會 （維持）
策略方向能配合企業競爭優勢與市場機會 （維持）	策略方向能配合企業競爭優勢與市場機會 （維持）	五鼎充分掌握市場機會並發揮競爭優勢 （維持）

圖 10-11　五鼎企業差異矩陣分析結果

根據差異性矩陣所得出的結果，本研究再針對五鼎企業目前所採取的策略來作歸類。再分析市場目前的狀況給予五鼎企業其目標方向的準則並選擇建立、維持或放棄。

4.10 結論與建議

由以上的模型為基準，分析出五鼎生技公司所不足的地方如下：

第一點、五鼎企業目前缺乏產品良率的控制能力及國際行銷能力；

第二點、其企業與品牌形象薄弱，無法與其他知名廠牌相抗衡；

第三點、不具規模範疇優勢及市場領導優勢；

最後，後勤支援能力、庫存管理能力及製程創新能力尚不足。

針對以上幾點不足，因此建議施行以下的策略：維持目前 OEM 的定位、提升自動化生產的比率以提高產品良率、加強上下游廠商之關係以建立範疇經濟、與產官學技術合作提升製程創新能力、設計更符合企業需求之 MIS 系統以加強庫存管理能力、提昇公司價值增加被併購的機會以及與藥廠策略聯盟，以血糖機＋胰島素口服藥為促銷方式。

問題與討論

1. 五鼎生技的沿革為何？
2. 五鼎生技的業務範圍為何？
3. 五鼎生技的競爭優勢為何？
4. 五鼎生技的策略意圖創新分析為何？
5. 對於五鼎生技的策略建議有哪些？

個案分析：IA 資訊 家電─宏達國際

11

第一節　宏達國際股份有限公司簡介

成立於 1997 年 5 月的宏達國際，董事長與威盛、國眾同為王雪紅。目前資本額為新台幣 12.5 億元，總部雖設在新店，但在桃園有個工廠，2001 年 4 月龜山新廠也已完工加入生產行列。

宏達為了在 PDA 市場做好最佳準備，並盡快提高產能趕上 iPAQ Pocket PC 的旺盛市場需求，在桃園龜山建置 1 座總年產能可達 1,000 萬台的全新廠房。在宏達的規劃藍圖中，這座廠房至少可以滿足宏達 3 年的產能需求。

致力於 IA 與無線通訊研發的宏達國際表示，寬頻無線與電腦科技整合是宏達發展技術的重點，新產品的規劃將以該技術為競爭核心，宏達目前為因應服務不同的客戶研發不同的產品專案，進一步將桃園與新店兩個研發團隊分為 IA (Information Appliance)與 WM (Wireless Mobile)兩大部份，其中以深耕最久，也是現今最熱門的掌上型電腦為主要研發產品之一，並同時朝無線通訊領域邁進。依現今全球無線電腦通訊產品的市場成長來看，宏達未來三年每年預估有 50%的成長空間。全新落成的企業總部與桃園廠啟用後，年產能將上看至一千萬台，西元 2001 年的預估產能約 150 萬台。

宏達國際企業理念包括品質、創意、卓越、顧客與員工滿意度，而其企業願景為「世界級行動通訊解決方案的設計及製造領導者」。

第二節　公司概況 ─ 業務內容與產銷概況

成立之初，在長期競爭力的考量下，宏達即相當堅持定位在手持式產品的 ODM，不單只做 OEM，產品面除 PDA 外，也從事筆記型電腦，不過，由於筆記型電腦產業競爭態勢已然成形，宏達顯然沒有什麼優勢，99 年中後期乃將筆記型電腦的生產線結束掉，全心放在 PDA 上。

宏達成立快兩年時，即在 99 年獲得康柏(Compaq)的 PDA 訂單，出貨量雖因作業系統功能尚未成熟，每月僅出 2 萬台，但仍顯見其技術能力已獲得

國際大廠的一定肯定，尤其 2000 年 5 月開始出貨的 iPaq，因作業系統與外觀改善許多，一上市即受到市場的熱烈歡迎，也顯現負責 iPaq 全球 ODM 業務的宏達，在產品技術與開發能力上有獨到之處。

營收方面，也因為接到康柏的訂單，99 年營收出現大幅成長，由 98 年的新台幣 3.62 億元，一舉提高至 14.8 億元，成長幅度達 310％；2000 年在原有業務以及 iPaq 的出貨帶動下（年底為出貨高峰），PDA 出貨量超過 45 萬台，而因為宏達的 PDA 均採用 WinCE 作業系統，單價比其他作業系統高，全年總營收為新台幣 45 億元，雖然宏達仍生產其他產品，但 2000 年的營收來源仍以 iPAQ Pocket PC 為主。

宏達國際與 Compaq 以 iPAQ Pocket PC 在全球 PDA 市場威名遠播後，雙方已決定將大幅提高產能並開發新機種，希望趁勢在全球 PDA 市場厚實競爭基礎。不過，礙於 LTPS（低溫多晶矽薄膜電晶體液晶顯示器）面板等零組件的供應狀況仍未完全符合預期，宏達與 Compaq 對全年 iPAQ Pocket PC 的總銷售量皆以較保守的方式估算。宏達指出，2001 年全年總產量可達 150 萬台，Compaq 則表示，2001 年約可在全球 PDA 市場銷售 200 萬台 iPAQ Pocket PC。

宏達國際初步預估 2001 年總營收為新台幣 150 億元，但單是計算 Compaq 在 2001 年給予宏達的 7 億美元（約新台幣 220 億元）訂單，宏達將在 2001 年 PDA 市場展現的成果顯然遠高過自己的預估。

為全力支援訂單所需，宏達剛完工的新廠總面積產能可達每月 100 萬台手持式裝置。宏達現在的產能利用率約 80％左右，現有生產線 12 條，設備產能可達每月 50 萬台。宏達現有實際生產量每月在 10 萬～15 萬台上下，2000 年困擾宏達的 LTPS 面板短缺問題到目前仍未完全解決，供應商 ST LCD 能夠供貨的比重，僅達宏達所需約 70％。宏達表示，LTPS 面板的缺貨問題 2001 年下半一定會解決，宏達國際與面板供應商 ST LCD（Sony 與 TOYOTA 合資）共同努力下，讓 iPAQ Pocket PC 匯聚眾人眼光的低溫多晶矽薄膜電晶體液晶顯示器面板(LTPS Panel)將不再有缺貨問題，從 2001 年下半開始，2000 年 LTPS 嚴重短缺的情況將成為歷史。只要零組件短缺不再是問題，Compaq 向宏達採購的 iPAQ Pocket PC 應不只 200 萬台。

　　新廠規劃年產能 1,000 萬台，在宏達的規劃中，此廠的產能約可使用 3 年。若以 iPAQ Pocket PC 在 2001 年希望生產 500 萬台，及此新 GSM Pocket PC 月產能 20 萬台，下半年共可生產 120 萬台計算，總計宏達為 Compaq、Sagem、Mitsubishi、北大方正、勝利電子與國眾電腦生產的 PDA 等手持式裝置，仍在新廠的產能規劃中。

第三節　營運概況

A. 研發技術與策略夥伴

　　宏達的研發與經營團隊大多來自過去相當著名的伺服器大廠迪吉多 (Digital)，在 x86 架構的研發實力不弱，包括研發處副總經理周永明與宏達國際總經理卓火土在內，從迪吉多在台灣的大溪廠轉投效宏達的研發人員超過 40 人。

　　宏達 Wireless Mobile 電腦研發處副總周永明指出，宏達剛成立時，原本即決定往筆記型電腦與手持式裝置 2 大領域邁進，當他頭一次看到 Palm 系列 PDA 時，他便認為功能較簡單的 PDA 在市場上受到的侷限性較大，但是，他相當認同微軟 Handheld PC 的概念，不過當時微軟針對 Handheld PC 所開放的合作對象名額有限，再加上宏達才剛成立，根本得不到微軟的關愛。

　　Microsoft、Compaq、Intel 為宏達策略夥伴

　　周永明說，應該是宏達「創新再創新」的成立宗旨恰好符合比爾蓋茲的胃口，宏達堅持所有技術、產品、概念與發展方向必須自己從頭做起，不跟隨別人腳步的理念，竟然在後來得到微軟內部的支持，一組專門開發類似 Palm PDA 產品的團隊，於是自動與宏達接觸，希望與宏達就 Pocket PC 產品進行合作。周永明喜形於色的說，宏達只是小公司，微軟的要求對宏達來講簡直就是從天而降的喜事，他當然毫不遲疑的答應。

　　自 1998 年微軟於 Consumer Electronics Show（簡稱 CES）會場上秀出由宏達一手打造之全球第一台掌上型電腦，成功地奠定了宏達與微軟密切合作

的基礎；2001 CTIA 大展上微軟再次展示由宏達國際一手研發設計的全球第一台全功能性 Microsoft Stinger Smart Phone 後，微軟對宏達傲人的競爭實力更是讚賞有加，微軟 Mobile Devices Division 副總裁 Ben Waldman 表示，微軟與宏達國際一直都有非常成功密切的合作經驗。微軟的遠景就是要讓每個使用者都能在任何時間、任何地方、任何行動通訊裝置都可以輕鬆快速的得到他們所要的資訊，藉由兩公司長久以來的密切合作，這個遠景很快就能實現。

目前全球僅有 HP、Casio、宏達與微軟就 WinCE 建立「Strategy Creative Product Partnership」，這層關係的意義是，HP、Casio 與宏達可以在微軟總部開發 WinCE 作業系統與相關軟體時，從一開始即直接與微軟的軟體團隊合作，共同研發 Pocket PC。全球其他獲得微軟 WinCE 授權的廠商，則必須與微軟台灣分公司接洽，就現有的 WinCE 版本開發相關產品。

宏達國際（HTC）因為替 Compaq 研發生產 iPAQ Pocket PC 而在全球 PDA 產業聞名，而僅以一款產品便在全球 PDA 市場拿到 500 萬台訂單的紀錄更讓各界對宏達側目。宏達的成功與微軟力挺有絕對關係，宏達是微軟 WinCE (Pocket PC)全球 3 大「創造性產品策略夥伴」之一，擁有與微軟總部直接共同開發相關產品的權利，當年宏達與微軟合作，即是由微軟自行提議促成的美事。從微軟在美國西雅圖總部裡設置一間宏達專屬的辦公室，便能了解宏達受到微軟肯定到了何種程度。

Compaq 原先在全球 PDA 市場可說是沒沒無聞，一直到 iPAQ Pocket PC 推出後，Compaq 不但在 PDA 市場打響名號，加強火力強攻 PDA 市場的決心更是堅強。所以，為 Compaq 量身定做 iPAQ Pocket PC 的宏達國際，自然成為 Compaq 在全球 PDA 市場硝戰不可或缺的伴侶。iPAQ Pocket PC 的威力確實不同凡響，不但讓宏達國際與 Compaq 在全球 PDA 市場聲名遠播，更使得宏達得到 Compaq 的高度認同與信任，將最新一款具備 GSM 無線通訊功能的 Pocket PC 訂單再度交給宏達。據宏達的競爭對手與零件供應商表示，若無特殊變故，此訂單預估的月產能可達 20 萬台，將在 2001 年下半陸續出貨。

iPAQ Pocket PC 的成功，不但讓 Microsoft 的 WinCE 在 PDA 市場揚眉吐氣，更讓 Compaq 欣喜自己雖不在 Microsoft WinCE 的「創造性產品策略夥伴」名單中，依舊有機會在全球 PDA 市場大鳴大放。

同樣的情況也發生在 Intel 與 Microsoft 身上。讓 StrongARM 成為可攜式裝置市場最重要的微處理器，長久以來即是 Intel 的希望，但是，就如同 Microsoft WinCE 面臨的問題一樣，儘管 Intel 再如何強調 StrongARM 的多媒體功能與高運算性能，市場始終缺少一款產品能夠真正將 StrongARM 與 WinCE 的能耐徹底展現，直到 iPAQ Pocket PC 出現才讓他們如願。

由於 iPAQ Pocket PC 的成功，Compaq、Intel 與 Microsoft 等業者在全球個人數位助理器(PDA)市場凝聚的成功信心比任何國際大廠強烈。對這些較晚進入 PDA 市場，卻靠 iPAQ Pocket PC 在 PDA 軟、硬體領域一炮而紅的廠商而言，負責開發生產 iPAQ Pocket PC 的宏達國際，已成為他們最重要的合作夥伴之一。

B. 未來展望

美國微軟總部於美西時間 3 月 20 日在 2001 CTIA 無線通訊大展(2001 CTIA Wireless Conference)上，與來自台灣專精於行動通訊及資訊產品的領航者－宏達國際共同宣佈致力開發下一代以 Microsoft『Stinger』為作業平台基礎的 Smart Phone。會中 Microsoft 總裁 Steve Ballmer 並展示由宏達國際一手研發設計的全球第一台全功能性 Microsoft Stinger Smart Phone，再次顯示出宏達國際傲人的競爭實力。

微軟針對 Smart Phone 市場所推出的『Stinger』軟體，不但替 Smart Phone 規格與功能上建立了一個新的標準，同時也讓消費者充份的享受透過 2.5G 或 3G 無線寬頻上網所帶來的樂趣，尤其是在無線上網、讀取郵件與更新個人資訊的管理(Personal Information Management-PIM)。

在此次與微軟合作計劃的宣佈後，宏達的創新研發能力立即成為國際媒體熱切注目的焦點，宏達國際 Wireless Mobile 研發處副總經理周永明表示：『Microsoft Stinger 是讓宏達由 PDA 市場迅速跨入到無線通訊領域的最佳選擇，宏達熱切期待再次創造出位居全球領先地位的 Smart Phone 產品。』

繼與美國微軟公司宣佈聯手進軍全球 Smart Phone 市場的合作計劃後，宏達再與美國德州儀器(TI)達拉斯總部正式對外宣佈雙方共同合作，為下一代無線通訊市場佈局，將 TI 的 OMAP TM 技術成功導入宏達未來無線通訊產品

上。我們非常清楚了解廣大消費者對下一代無線通訊產品的需求，不論是在功能的應用或電池的續航力上都必須有更傑出的表現，TI 的 OMAP TM 技術完全符合現今產品發展趨勢，使行動通訊的研發腳步又更加向前邁進。

宏達與 TI 共同合作的 OMAP TM 技術，以 TI 的可程式化 DSP 為基礎，提供了先進的無線上網與多媒體功能，不但支援所有 2G、2.5G 與 3G 無線標準，還提供了一個開放的軟體環境，使無線軟體發展廠商可以提供新的應用系統，讓消費者透過有線或無線的方式下載使用，這對於無線通訊裝置的產品而言，開啟了一個全新的里程碑。自去年第四季起，TI 已開始供應 OMAP TM 處理器的產品原型，目前也已提供 OMAP TM 1510 元件的樣品，預計至今年第三季，OMAP TM 1510 將進入量產階段。

宏達國際總經理卓火土也表示：『Wireless Mobile 為現今當紅產業，也是未來明日之星，應對此趨勢，宏達將提供可無線行動上網的 Smart Phone 與 Wireless PDA 兩種產品。洞悉未來行動資訊的大量需求及無線 IA 產品與通訊整合的趨勢，在掌上型電腦與無線通訊這方面上，宏達是最早跨入這個市場的領導者之一，過去三年多來，宏達傑出的表現，確實令人激賞；現在的宏達國際就像隻耀眼的黑馬，正要出發。相信在宏達全新的企業總部落成後，不論在研發能力、產品品質與產能提升上都會大幅成長。未來，宏達更進一步朝無線寬頻通信產品的國際大廠邁進。』

Palm & Handspring 擁有技術上的差異化的競爭優勢，以及擁有專精的競爭領域，同時專注於該產業最終顧客需求及市場的開拓，企業品牌與形象的建立。而 Compaq 除了專注於該產業最終顧客需求及市場的開拓，企業品牌與形象的建立外，同時還擁有其他相關性產業的多元技術，並能掌握範疇經濟的優勢。

宏達國際、博達、神寶等企業則專注於該產業的製造與生產效率的滿足，成本的降低為其最主要的經營重點，代表其擁有成本上的競爭優勢，但產品集中於狹窄的競爭構面。惟宏達國際尚具有些許的獨特技術能力（因為宏達國際為 Micorsoft 全世界 PDA 產業技術規格制定的三個夥伴之一），同時亦具有相關產業 Smartphone 的多元化技術優勢。

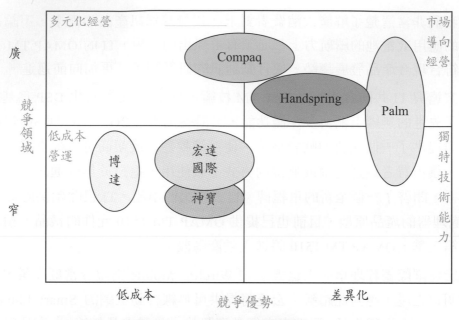

圖 11-1　PDA 產業策略定位

第四節　宏達國際的競爭優勢策略分析

4.1　問卷調查

問卷內容之產生係採用專家訪談（宏達、博達、神寶）、文獻探討（國家創新系統、策略致勝、高科技創新與競爭、博碩士論文）兩方面加以彙整完成。並以統計 T-test 的方式，來檢定每一種問卷其九種構面的各項構面，在信賴水準＝0.05 之下，是否具有顯著的重要性或是相對的強度。

表 11-1　PDA 問卷調查基本資料

問卷分析種類	受訪對象	有效問卷份數	受訪人員背景
企業核心資源	宏達	28	財務、行銷、製程、MIS、R&D、HR 等管理師、工程師及部門主管人員
產業關鍵成功要素	博達	10	財務、行銷、製程、MIS、R&D、HR 等管理師、工程師及部門主管人員

問卷分析種類	受訪對象	有效問卷份數	受訪人員背景
產業關鍵成功要素	神寶	20	製程、財務、R&D、行銷、HR 等部門主管及職員
顧客需求	康伯, 國眾	32	維修&服務工程師、業務人員及部門主管人員
企業策略意圖	宏達	28	財務、行銷、製程、MIS、R&D、HR 等管理師、工程師及部門主管人員

4.2 企業優勢創新矩陣（核心資源分析）

　　根據宏達國際自我評量結果顯示其核心競爭優勢為：原物料庫存管理能力、客戶服務品質、員工忠誠度與向心力、零組件採購彈性、與供應商之關係、產業資訊的掌握。但宏達國際有待加強及提升其核心資源為委外代工之管理能力、後勤支援能力以及組織結構。其評量結果請參考下表：

表 11-2　宏達核心資源評量結果

宏達核心資源項目	影響種類	影響性質	強弱評量
1.組織結構	O	S	3.8
2.企業文化	O	S	4.1
3.人事制度與教育訓練	O	S	4.0
4.財務運作能力	O	S	4.0
5.員工忠誠度與向心力	O	S	4.9
6.智慧財產權的掌握	P1, P2	BT	4.7
7.資訊化實施的程度	P1, P2	I	3.9
8.生產彈性的掌握	P2	I	4.1
9.生產效率的掌握	P2	I	4.2
10.製程技術創新能力	P1, P2	I	4.6
11.產能使用效率	P2	I	4.4
12.整合訂單管理制度	P2, O	I	4.3
13.零組件採購彈性	P2, O	I	4.8
14.與供應商之關係	O,	I	4.8
15.後勤支援能力	P2, O	S	3.6

宏達核心資源項目	影響種類	影響性質	強弱評量
16.原物料庫存管理能力	P2, O	I	4.9
17.委外代工之管理能力	P2, O	I	3
18.產業資訊的掌握	P1	I	4.8
19.目標市場的掌握能力	P1	I	4.7
20.國際行銷能力	P1	BT	4.6
21.品牌與企業形象	P1, O	S	4.5
22.客戶服務品質	P2, O	I	4.9

影響種類：P1 = Product 產品，P2 = Process 製程，O = Organization 組織。

影響性質：I (Incremental) = 漸近性，S (System) = 系統性，BT (Breakthrough) = 突破性。

	I	S	BT
P1	☐資訊化實施的程度 4.50 ☐製程技術創新能力 ☐產業資訊的掌握 ☐目標市場的掌握能力	☐品牌與企業形象 4.50	☐智慧財產權的掌握 4.65 ☐國際行銷能力
P2	☐資訊化實施的程度 4.30 ☐製程技術創新能力 ☐產能使用效率 ☐整合訂單管理制度 ☐零組件採購彈性 ☐原物料庫存管理能力 ☐委外代工之管理能力 ☐客戶服務品質	☐後勤支援能力 3.60	☐智慧財產權的掌握 4.70
O	☐整合訂單管理制度 4.45 ☐零組件採購彈性 ☐原物料庫存管理能力 ☐委外代工之管理能力 ☐客戶服務品質	☐組織結構 4.13 ☐企業文化 ☐人事制度與教育訓練 ☐財務運作能力 ☐員工忠誠度與向心力 ☐後勤支援能力 ☐品牌與企業形象	

圖 11-2　宏達企業優勢創新矩陣

根據宏達國際核心資源問卷結果分析的統計檢定資料顯示，在 P*I、P*S、P*BT、P2*I、P2*BT、O*I 等構面上具有顯著的重要性。代表宏達國際在這些構面上的核心資源掌握地特別不錯。

4.3 產業優勢創新矩陣（產業關鍵成功因素分析）

宏達具有廠商技術合作關係的掌握能力、顧客長期關係的建立能力、顧客導向的產品設計與製造能力、研發人員素質的掌握及培育能力、規模經濟等優勢；而仍須加強的部份是製造週期的降低能力。評量結果如下表：

表 11-3　關鍵成功因素－宏達國際自我評量

產業關鍵成功因素	影響種類	影響性質	評量結果	競爭者評宏達
1.多元化技術掌握能力	P1, P2	S	4.3	4.3
2.市場領導優勢	P1	I	4.6	4.6
3.法規與管理能力	O	S	4.0	4.0
4.範疇經濟優勢	P1, O	S	4.1	3.8
5.製程創新能力	P2	S	4.0	4.0
6.研發人員素質的掌握及培育能力	O	S	4.9	4.3
7.研發團隊的整合能力	P2, O	S	4.7	4.2
8.研發資料庫完整性的掌握能力	P1, P2	S	4.7	4.1
9.顧客教育能力	P1	S	4.0	4.1
10.製程掌握能力	P2	I	4.2	4.1
11.規模經濟優勢	P2	I	4.9	4.6
12.產品良率的控制能力	P1, P2	I	4.3	4.1
13.製造週期的降低能力	P2	I	3.8	3.9
14.全面成本的控制能力	P1, P2	S	4.5	4.1
15.資金籌措能力	O	S	4.8	4.6
16.交貨穩定度的控制能力	P2	S	4.0	4.1
17.廠商技術合作關係的掌握能力	P1, P2, O	BT	5.0	4.6
18.顧客長期關係的建立能力	P1	I	5.0	4.5
19.顧客導向的產品設計與製造能力	P1, P2, O	S	5.0	4.5

產業關鍵成功因素	影響種類	影響性質	評量結果	競爭者評宏達
20.與顧客溝通網路的建立	P1, O	S	4.5	4.2
21.與顧客建立互信基礎的能力	P1, O	S	4.6	4.2

影響種類：P1 = Product 產品，P2 = Process 製程，O = Organization 組織。
影響性質：I (Incremental) = 漸近性，S (System) = 系統性，BT (Breakthrough) = 突破性。

　　在宏達國際關鍵成功要素問卷結果分析檢定方面，得知宏達除了在 P2*S、O*S 兩構面，其他七個構面皆具有較為顯著重要性，也就是代表宏達國際掌握大部份的產業關鍵成功因素。而由競爭者評宏達的部份亦顯示除了 O*S 外其餘八個構面亦為顯著。

上格數字：競爭者評宏達，下格數字：宏達評自己

圖 11-3　宏達產業優勢創新矩陣

4.4 競爭對手創新矩陣（競爭對手產業關鍵成功因素分析）

表 11-4　宏達關鍵成功因素－競爭對手自我評量

產業關鍵成功因素	影響種類	影響性質	評量結果	宏達評競爭者
1.多元化技術掌握能力	P1, P2	S	3.8	2.75
2.市場領導優勢	P1	I	3.4	2.48
3.法規與管理能力	O	S	4.0	2.70
4.範疇經濟優勢	P1, O	S	3.7	2.66
5.製程創新能力	P2	S	3.8	2.55
6.研發人員素質的掌握及培育能力	O	S	4.3	2.93
7.研發團隊的整合能力	P2, O	S	4.0	2.77
8.研發資料庫完整性的掌握能力	P1, P2	S	4.0	2.80
9.顧客教育能力	P1	S	4.1	2.70
10.製程掌握能力	P2	I	4.1	2.82
11.規模經濟優勢	P2	I	3.9	2.00
12.產品良率的控制能力	P1, P2	I	4.1	2.75
13.製造週期的降低能力	P2	I	3.8	2.57
14.全面成本的控制能力	P1, P2	S	4.1	2.18
15.資金籌措能力	O	S	4.6	3.27
16.交貨穩定度的控制能力	P2	S	3.9	2.68
17.廠商技術合作關係的掌握能力	P1, P2, O	BT	4.2	2.79
18.顧客長期關係的建立能力	P1	I	4.4	2.82
19.顧客導向的產品設計與製造能力	P1, P2, O	S	4.3	2.73
20.與顧客溝通網路的建立	P1, O	S	4.2	2.71
21.與顧客建立互信基礎的能力	P1, O	S	4.2	2.71

影響種類：P1 = Product 產品，P2 = Process 製程，O = Organization 組織。

影響性質：I (Incremental) = 漸近性，S (System) = 系統性，BT (Breakthrough) = 突破性。

上格數字：宏達評競爭者，下格數字：競爭者評自己

	I	S	BT
P1	☐市場領導優勢　2.68 ☐產品良率的控制能力　4.01 ☐顧客長期關係的建立能力	☐多元化技術掌握能力　2.66 ☐研發資料庫完整性的掌握能力　4.11 ☐與顧客建立互信基礎的能力 ☐顧客導向的產品設計與製造能力 ☐與顧客溝通網路的建立 ☐全面成本的控制能力 ☐範疇經濟優勢 ☐顧客教育能力	☐廠商技術合作關係的掌握能力　2.79 4.25
P2	☐製程掌握能力　2.54 ☐規模經濟優勢　4.01 ☐產品良率的控制能力 ☐製造週期的降低能力	☐研發資料庫完整性的掌握能力　2.64 4.02 ☐顧客導向的產品設計與製造能力 ☐多元化技術掌握能力 ☐研發團隊的整合能力 ☐交貨穩定度的控制能力 ☐全面成本的控制能力 ☐製程創新能力	☐廠商技術合作關係的掌握能力　2.79 4.25
O		☐研發人員素質的掌握及培育能力　2.83 4.30 ☐顧客導向的產品設計與製造能力 ☐與顧客建立互信基礎的能力 ☐與顧客溝通網路的建立 ☐研發團隊的整合能力 ☐法規與管理能力 ☐範疇經濟優勢 ☐資金籌措能力	☐廠商技術合作關係的掌握能力　2.79 4.25

圖 11-4　宏達競爭對手產業優勢創新矩陣

在競爭對手神寶及博達關鍵成功要素問卷結果分析檢定方面，得知在競爭對手自評與宏達評競爭對手在 P1*BT、P2*BT、O*S、O*BT 等四構面，均有共同評量其構面具有較為顯著重要性。

4.5 顧客需求創新矩陣與檢定

此部份之分析結果顯示：品質、產品可靠度、設計服務等之評量分數較高，代表該產業對品質、產品可靠度、設計服務等之要求較高。其評量結果如表 11-5：

表 11-5　宏達顧客需求特性創新評量結果

需求項目	影響種類	影響性質	評量結果
1.品質	P1, P2	I	5
2.價格	P1, P2	I	3.9
3.交貨速度	P1, P2	I	4.1
4.設計服務	P1	BT	4.3
5.財務考量	O	S	4
6.產品可靠度	P1, P2	I	5
7.售後服務	P2, O	I	4.1

影響種類：P1 = Product 產品，P2 = Process 製程，O = Organization 組織。

影響性質：I (Incremental) = 漸近性，S (System) = 系統性，BT (Breakthrough) = 突破性。

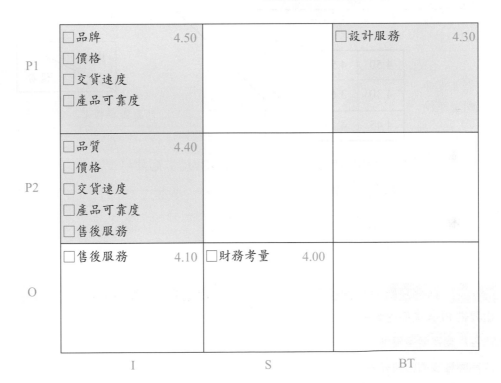

圖 11-5　宏達顧客需求特性創新矩陣

4.6 創新 SWOT 分析

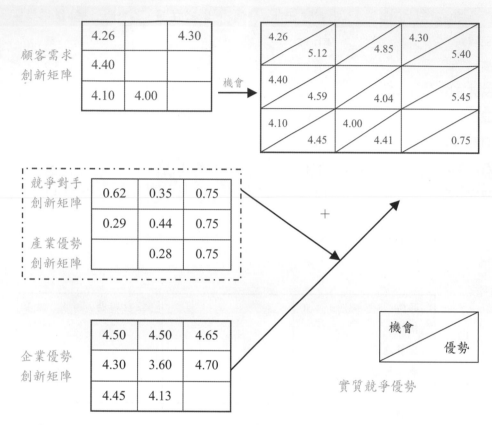

圖 11-6　宏達國際創新 SWOT 矩陣

4.7 策略意圖創新分析

表 11-6　宏達國際企業目標及策略意圖之創新評量結果

策略意圖與企業目標	影響種類	影響性質	評量結果
1.世界性 PDA 產品的專業代工製造公司	P1, P2	I	4.8
2.為客戶創造競爭優勢	P1, O	S	4.7
3.成為製程技術的領先者	P1, P2	BT	4.6
4.開發具備無線通訊功能的 PDA	P1, P2	I	5.0

策略意圖與企業目標	影響種類	影響性質	評量結果
5.拓展大陸市場之佔有率	P1, O	I	3.0
6.與技術夥伴的結盟，提供產品與技術面更高的附加價值	P1, O	BT	4.9
7.西元 2001 年營業額 150 億新台幣，股稅前盈餘 7.69 元	O	I	4.8
8.公元 2002 年成功 IPO	O	S	4.8

影響種類：P1 = Product 產品，P2 = Process 製程，O = Organization 組織。

影響性質：I (Incremental) = 漸近性，S (System) = 系統性，BT (Breakthrough) = 突破性。

	I	S	BT
P1	☐世界性 PDA 產品的專業代工製造公司　4.27 ☐開發具備的無線通訊功能的 PDA ☐拓展大陸市場之占有率	☐為客戶創造競爭優勢　4.70	☐成為製程技術的領先者　4.75 ☐與技術夥伴的結盟，提供產品與技術面更高的附加價值
P2	☐世界性 PDA 產品的專業代工製造公司　4.90 ☐開發具備的無線通訊功能的 PDA		☐成為製程技術的領先者　4.60
O	☐拓展大陸市場之占有率　3.90 ☐2001 年營業額新台幣 150 億元，每股稅前 7.69 元	☐為客戶創造競爭優勢　4.75 ☐2002 年成功 IPO	☐與技術夥伴的結盟，提供產品與技術面更高的附加價值　4.90

圖 11-7　宏達策略意圖創新矩陣

　　在宏達策略意圖問卷結果分析的統計檢定上面，得知除了在 O*I 構面，其他七個構面皆具有較為顯著重要性，可見其策略意圖十分強烈。

4.8 差異性分析

4.27	4.70	4.75
4.90		4.60
3.90	4.75	4.90

−

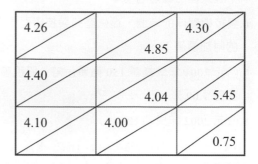

=

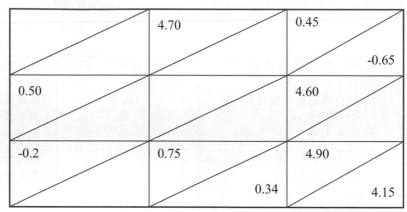

圖 11-8　宏達之差異矩陣分析圖

註：

@左上角： 數字≦0.33 表充分掌握市場機會，0.33＜數字＜0.5 表示策略目標與市場機會配合，數字≧0.5 表示策略意圖大於市場機會。

@右下角： 數字≦0.33 表充分發揮企業競爭優勢，0.33＜數字＜0.5 表示能發揮企業競爭優勢，數字≧0.5 表示必須提升企業競爭優勢。

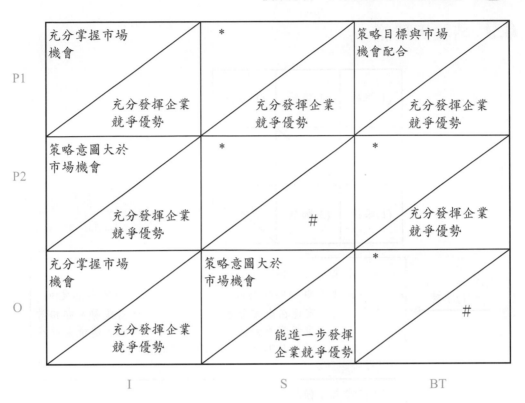

圖 11-9　宏達差異矩陣彙總說明

註：

* 由於顧客需求分析的結果無法得知顧客的突破式需求，所以在此不作評論。
\# 由於策略意圖分析的結果無法得知，所以在此不作評論。

4.9 結論與建議

(1)維持	(1)維持	(1)維持
(1)建立	/	(1)維持
(1)維持	(3)加強	

(1)維持 ➤
- 顧客需求：交貨能力，設計及售後服務。
- 核心資源：市場與智財權掌握，企業形象，顧客滿意度。
- 策略建議：宏達在企業形象及設計能力上極富優勢，亦相當重視客戶對品質與交貨能力的要求，建議宏達應保持其形象及顧客滿意度的優勢。

(2)建立 ➤
- 顧客需求：價格。
- 核心資源：製程創新，資訊化實施，整合訂單與外包管理的能力。
- 策略建議：由於代工業者需要極佳的製程彈性及反應能力，宏達可以適度地在不影響品質與顧客滿意度的狀況下，建立在價格及製程彈性與整合的競爭力。

(3)加強 ➤
- 顧客需求：財務考量並非顧客需求之重點。
- 核心資源：後勤支援能力，組織結構的能力。
- 策略意圖：為客戶創造競爭優勢以 2002 年成功 IPO。
- 策略建議：宏達可發展更多的顧客群，以增加營業額來達成財務的意圖，擴展更大的市場。

圖 11-10　宏達策略矩陣分析下的策略建議

由以上的模型得出宏達在產品開發能力、製程技術以及生產效率等方面之核心資源上擁有較佳的優勢。而在產業關鍵成功要素上，宏達在新產品開發能力、顧客關係的掌握、研發人員的素質等能力方面，擁有較佳的優勢。接下來在(P1×BT)、(P2×BT)、(O×BT)的創新活動企業目標與策略意圖超過現階段企業所擁有的資源及能力，目前 PDA 產業處於持續成長環境中，有此意圖具有正面意義，但仍必須在這部分繼續累積能力，才能達到所擬定的目標。

　　除此之外，宏達必須加強組織結構、後勤支援能力核心資源的累積。而且，宏達必須提升全面成本的控制能力及範疇經濟能力，以求產業關鍵成功因素的增進。並且宏達需考慮開發其他客戶，避免單一客戶的風險。本研究建議宏達可考慮結合威盛的 CPU 開發能力，以垂直整合關鍵性零組件與產品設計來提升競爭力以及宏達可考慮發展其他 OS 之設計，以避免市場對 WINCE 的認同不足。

問題與討論

1. 宏達國際的沿革為何？
2. 宏達國際的業務範圍為何？
3. 宏達國際的競爭優勢為何？
4. 宏達國際的策略意圖創新分析為何？
5. 對於宏達國際的策略建議有哪些？

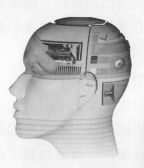

結語

　　台灣地區之經濟歷經四十餘年來的發展，近幾年來面臨工資上漲，新台幣大幅升值，及國際貿易保護主義興起等壓力，致使既有競爭優勢漸失，部份產業外移、工業成長及出口減緩。為突破這些高度成長後的瓶頸，開拓工業新的成長空間，則必須積極調整產業的結構、提升技術層次、發展高科技新興產業，以促進產業升級。

　　從企業經營面來看，在未來全球競爭的環境中，以知識(Intellect)為主的競爭優勢將取代傳統以生產要素(Factor Conditions)的競爭情勢。由於科技的快速擴散及其所衍生出的全球生產過剩(Global Overcapacity)現象，持續的科技創新經驗的累積是企業存活與維持競爭優勢的最佳利器。另外，由於全球採購(Global Outsourcing)的策略廣為跨國企業所運用，故發展高品質、低成本的專業(Specialization)技術更能確保企業在全球分工的體係中佔一席之地，而以研發創業來發展專業技術也為投資研發的重要誘因。

　　對企業界而言，掌握瞬息萬變之市場發展趨勢，開創高附加價值專業技術與研發持續創新，是企業提昇競爭力之基礎。而研發創新更是企業發展之生命力及產品創新、技術突破的原動力，故研發的持續投入將是貫徹企業發展的最佳策略。

　　產業科技的轉型應從企業策略面著手。換句話說，企業必須利用各種管道來強化其對全球市場資訊的分析與解讀，以此為基礎來發展其產業技術及經營策略。在產業策略分析中，企業可以瞭解本身的競爭現況以及未來競爭優勢／核心能力形成的可行性，理性的在多重策略選擇中擇其最有利的策略（包括技術、行銷、管理等配套戰術），更可因策略需求及國內外策略夥伴結盟加速其競爭優勢的提升，如此才能跳脫「高科技產業傳統化經營」的心態，真正地邁向高科技產業經營管理的境界。

　　本書結合企業管理、策略管理、產業分析、創新政策等利論，提出一套具體的產業分析方法，該套方法除了考慮到產業競爭的態勢外，更著重於競爭優勢的來源的分析與產業領先條件的建立。

　　筆者認為產業分析應從產業面以及企業面加以切入。為此，本書在產業的選擇方面，以國內蓬勃發展的光電產業（包括光通訊、光儲存、光顯示、

資訊家電等四項）、IC 封裝產業、及生物科技產業為主要分析範例。在產業分析的模式方面，本書強調嚴格的產業定義／市場區隔、產業現況及未來趨勢分析、產業與相關支援產業的相互關聯分析（以產業魚骨圖表示）、成本結構分析、產業競爭力分析、產業競爭優勢來源分析(locus of industrial leadership & sources of competitive advantage)、產業關鍵成功要素分析等 8 項。

　　企業面競爭優勢分析將以個案研究的方式來呈現，以第一人稱的方式來分析台灣代表企業對未來競爭情勢的解讀及策略的規劃。這些代表廠商分別為：

1. 光通訊：光環科技股份有限公司
2. 光顯示：中強光電股份有限公司
3. 資訊家電：宏達國際股份有限公司
4. 生物科技：五鼎科技股份有限公司
5. IC 封裝：矽品科技股份有限公司

　　在企業競爭優勢分析的方法方面，除了分析產業關鍵成功要素及策略定位的關聯性外，並強調企業及其主要競爭對手在關鍵成功要素上的優劣勢，以為企業未來策略規劃的指南。